Allan Shepard

Ahimsa
La Sabiduría Intemporal del Jainismo

Título Original: *Ahimsa - A Sabedoria Atemporal do Jainismo*

Copyright © 2025, publicado por Luiz Antonio dos Santos ME.

Este libro es una obra de no ficción que explora la filosofía del Jainismo, enfatizando el principio de Ahimsa (no violencia) y otros valores fundamentales de esta tradición milenaria. A través de un enfoque detallado y profundo, el autor ofrece una visión integral de la historia, las prácticas y la relevancia contemporánea del Jainismo.

1ª Edición
Equipo de Producción
Autor: Allan Shepard
Editor: Luiz Santos
Portada: Studios Booklas / Fernando Méndez
Consultor: Andrés Velasco
Investigadores: Marta Ríos, Esteban Hernández, José Villanueva
Diagramación: Carolina Pérez
Traducción: Ricardo Salazar
Publicación e Identificación
Ahimsa - La Sabiduría Intemporal del Jainismo
Booklas, 2025
Categorías: Filosofía / Religión / Espiritualidad
DDC: 181.44 - **CDU:** 294.4
Todos los derechos reservados a:
Luiz Antonio dos Santos ME / Booklas

Ninguna parte de este libro puede ser reproducida, almacenada en un sistema de recuperación o transmitida por ningún medio — electrónico, mecánico, fotocopia, grabación u otro— sin la autorización previa y expresa del titular de los derechos de autor.

Contenido

Índice Sistemático 5
Prólogo 11
Capítulo 1 ¿Qué es el Jainismo? 13
Capítulo 2 Orígenes del Jainismo 17
Capítulo 3 El Último Tirthankara 22
Capítulo 4 Escrituras Jainistas 27
Capítulo 5 Principios Centrales del Jainismo 32
Capítulo 6 La Piedra Angular de la Ética Jainista 38
Capítulo 7 La Epistemología Jainista 44
Capítulo 8 La Ley de Causa y Efecto Espiritual 50
Capítulo 9 El Alma y el No-Alma 56
Capítulo 10 Conexión y Liberación 61
Capítulo 11 Ascetismo y Práctica Espiritual 67
Capítulo 12 El Camino de la Purificación 74
Capítulo 13 Monacato Jainista 82
Capítulo 14 Prácticas Jainistas para Laicos y Laicas 89
Capítulo 15 La Dieta Jainista 96
Capítulo 16 Templos y Rituales Jainistas 104
Capítulo 17 Arte y Arquitectura Jainista 111
Capítulo 18 Principales Festividades Religiosas 119
Capítulo 19 Comunidad Jainista 128
Capítulo 20 Jainismo y Ciencia 134
Capítulo 21 Jainismo y Ambientalismo 141
Capítulo 22 La Construcción de la Paz 148
Capítulo 23 Diálogo Inter-religioso 155

Capítulo 24 Jainismo en la Diáspora 161
Capítulo 25 Desafíos Contemporáneos 167
Capítulo 26 El Futuro del Jainismo 173
Capítulo 27 Similitudes con el Budismo 179
Capítulo 28 El Legado Duradero del Jainismo 185
Capítulo 29 Un Camino hacia la Paz Interior 191
Epílogo 195

Índice Sistemático

Capítulo 1: ¿Qué es el Jainismo? - Introduce al lector a los principios fundamentales del Jainismo, destacando la no violencia (Ahimsa), la liberación espiritual (Moksha) y la responsabilidad individual en el camino espiritual.

Capítulo 2: Orígenes del Jainismo - Explora las raíces históricas del Jainismo en la India Antigua, incluyendo posibles conexiones con la cultura pre-védica y la Civilización del Valle del Indo, y su relación con otras tradiciones como el Budismo y el Hinduismo.

Capítulo 3: El Último Tirthankara - Describe la vida de Mahavira, el último Tirthankara del Jainismo, incluyendo su nacimiento, renuncia al mundo material, período de ascetismo, iluminación y predicación de las enseñanzas Jainistas.

Capítulo 4: Escrituras Jainistas - Examina las escrituras sagradas del Jainismo, los Agamas, incluyendo su historia de transmisión oral y escrita, la formación del canon, las diferentes sectas y sus cánones, las lenguas sagradas y la importancia de las escrituras en la práctica Jainista.

Capítulo 5: Principios Centrales del Jainismo - Profundiza en los principios fundamentales del Jainismo, incluyendo las Tres Joyas (Ratnatraya) - Visión Correcta, Conocimiento Correcto y Conducta

Correcta - y los Cinco Grandes Votos (Mahavratas) - No Violencia, Verdad, No Robar, Castidad y No Posesividad.

Capítulo 6: La Piedra Angular de la Ética Jainista - Se centra en el principio de Ahimsa (No Violencia), la piedra angular de la ética Jainista, explorando su significado profundo y su aplicación en diferentes niveles: físico, verbal y mental.

Capítulo 7: La Epistemología Jainista - Examina los dos pilares de la epistemología Jainista: Anekantavada (la doctrina de la no-unilateralidad o de la multiplicidad de aspectos) y Syadvada (la doctrina del "quizás" o de la predicación condicional), que ofrecen una visión relativista y tolerante de la verdad y del conocimiento.

Capítulo 8: La Ley de Causa y Efecto Espiritual - Profundiza en la Teoría del Karma en el Jainismo, explorando el concepto de Karma como una sustancia sutil, sus diferentes categorías, los mecanismos de operación del Karma y la responsabilidad individual por las acciones y sus consecuencias.

Capítulo 9: El Alma y el No-Alma - Explora la dicotomía fundamental en la cosmología Jainista entre Jiva (Alma) y Ajiva (No-Alma), incluyendo las características del alma, las categorías del No-Alma y la interacción entre Jiva y Ajiva en la experiencia humana y en la búsqueda de la liberación.

Capítulo 10: Conexión y Liberación - Examina el estado de Conexión (Bandha) del alma al ciclo de reencarnación debido al Karma, la naturaleza del sufrimiento (Dukha) y el camino hacia la Liberación (Moksha), el objetivo final del Jainismo.

Capítulo 11: Ascetismo y Práctica Espiritual - Explora el papel del ascetismo (Tapas) en la purificación kármica y en el camino hacia la liberación, incluyendo prácticas como el ayuno, la restricción alimentaria, el silencio, la meditación y la autodisciplina.

Capítulo 12: El Camino de la Purificación - Describe las Catorce Etapas de Desarrollo Espiritual (Gunasthanas) en el Jainismo, que representan un mapa detallado del progreso del alma hacia la liberación, desde las etapas iniciales de ignorancia hasta la etapa final de liberación completa.

Capítulo 13: Monacato Jainista - Examina la vida monástica en el Jainismo, incluyendo las dos principales sectas - Digambara (vestidos de cielo) y Svetambara (vestidos de blanco) - sus diferencias y similitudes en las prácticas ascéticas, en la vestimenta, en la posesión de bienes y en las visiones sobre la liberación de las mujeres.

Capítulo 14: Prácticas Jainistas para Laicos y Laicas - Describe las prácticas Jainistas adaptadas para los laicos y laicas, incluyendo los Cinco Votos Menores (Anuvratas), la meditación diaria, el ayuno periódico, la caridad y la participación en rituales y festivales.

Capítulo 15: La Dieta Jainista - Explora la dieta Jainista y el vegetarianismo como expresiones del principio de Ahimsa, incluyendo las diferentes formas de vegetarianismo Jainista, las restricciones alimentarias específicas y los beneficios de la dieta Jainista para la salud física, mental y espiritual.

Capítulo 16: Templos y Rituales Jainistas - Examina los templos Jainistas (Derasar), su arquitectura, simbolismo y los rituales y ceremonias que se realizan en ellos, incluyendo la Puja (adoración), la Aarti (ofrenda de luz) y la importancia de la devoción (Bhakti) en la práctica Jainista.

Capítulo 17: Arte y Arquitectura Jainista - Explora el arte y la arquitectura Jainista, incluyendo las características del arte Jainista, las representaciones de los Tirthankaras, el simbolismo, los templos Jainistas y su arquitectura distintiva.

Capítulo 18: Principales Festividades Religiosas - Describe las principales festividades religiosas del Jainismo, incluyendo Mahavir Jayanti, Paryushan Parva, Diwali y Akshaya Tritiya, explorando sus significados, rituales y prácticas.

Capítulo 19: Comunidad Jainista - Examina la comunidad Jainista (Sangha), su estructura, la importancia de la educación Jainista, las contribuciones Jainistas para la filosofía, el arte, la literatura, la ciencia y la ética, y el compromiso social de la comunidad Jainista en áreas como educación, salud y bienestar animal.

Capítulo 20: Jainismo y Ciencia - Explora la relación entre el Jainismo y la ciencia moderna, incluyendo paralelismos entre principios Jainistas y conceptos científicos, y la contribución del Jainismo para una ciencia más ética y responsable.

Capítulo 21: Jainismo y Ambientalismo - Profundiza en la ética ambiental Jainista, explorando la Ahimsa como principio fundamental del ambientalismo, la protección de todas las formas de vida, el rechazo de la explotación de la naturaleza y las prácticas ecológicas Jainistas.

Capítulo 22: La Construcción de la Paz - Examina el papel del Jainismo en la construcción de la paz, incluyendo la Ahimsa como herramienta para la resolución de conflictos, la importancia del diálogo, de la comprensión mutua y de la empatía, y ejemplos de aplicación de los principios Jainistas en la construcción de la paz.

Capítulo 23: Diálogo Interreligioso - Explora el Jainismo y el diálogo interreligioso, incluyendo el Anekantavada como base para el diálogo, el respeto y la tolerancia hacia otras religiones, los puntos de convergencia y diálogo con otras tradiciones religiosas, y la búsqueda de valores universales.

Capítulo 24: Jainismo en la Diáspora - Examina la expansión del Jainismo fuera de la India, la formación de comunidades Jainistas en la diáspora, los desafíos y adaptaciones del Jainismo en nuevos contextos culturales, y la contribución de la diáspora a la diseminación global de las enseñanzas Jainistas.

Capítulo 25: Desafíos Contemporáneos - Explora los desafíos y cuestiones contemporáneas que el Jainismo enfrenta en el mundo moderno, incluyendo los desafíos externos del secularismo, del materialismo y de la globalización, los desafíos internos, las cuestiones de género y justicia social, y las adaptaciones modernas e innovaciones en la práctica y en la interpretación del Jainismo.

Capítulo 26: El Futuro del Jainismo - Examina el futuro del Jainismo en el siglo XXI, incluyendo su potencial para contribuir a un mundo más ético, pacífico y sostenible, la relevancia de los principios Jainistas para la resolución de los desafíos globales contemporáneos, y la importancia de preservar y promover las enseñanzas Jainistas para las futuras generaciones.

Capítulo 27: Similitudes con el Budismo - Presenta un análisis comparativo entre el Jainismo y el Budismo, explorando las similitudes y diferencias entre estas dos tradiciones espirituales originarias de la India Antigua, incluyendo sus orígenes, doctrinas, prácticas, puntos de convergencia y divergencia, e influencia mutua.

Capítulo 28: El Legado Duradero del Jainismo - Explora el legado duradero del Jainismo y su impacto en el pensamiento indio y global, incluyendo su influencia en la ética, la filosofía, el vegetarianismo, el movimiento de derechos animales, el arte, la arquitectura, la literatura y su mensaje central de paz, no violencia y búsqueda espiritual.

Capítulo 29: Un Camino hacia la Paz Interior - Sintetiza las principales enseñanzas y valores del Jainismo, incluyendo la Ahimsa, el Anekantavada, la Tri-Ratna, los Cinco Votos Mayores y Menores, la práctica ascética, la compasión y la amistad universal, reflexionando sobre su potencial como un camino para la paz interior y la armonía universal.

Prólogo

Imagina un camino milenario, recorrido por sabios que desafiaron las ilusiones del mundo material en busca de la verdad última. Un camino que atraviesa los siglos sin doblegarse a los cambios efímeros del tiempo, ofreciendo un código de conducta que trasciende culturas y geografías. Un camino que no solo enseña la virtud, sino que la encarna, transformando cada gesto, cada palabra, cada pensamiento en un acto de profunda consciencia y armonía con el universo.

Este libro que tienes en tus manos no es un simple relato histórico o un compendio de creencias religiosas. Es una invitación a una jornada interior, una puerta a la comprensión de uno de los sistemas filosóficos más refinados y radicales jamás concebidos: el Jainismo.

Desde sus orígenes en la India Antigua hasta su influencia silenciosa, pero poderosa, en el mundo contemporáneo, el Jainismo se alza como un testimonio de la resistencia del alma humana a la violencia, a la ignorancia y al apego. Sus doctrinas no son solo conceptos abstractos; son herramientas prácticas que pueden moldear la forma en que percibimos la existencia, interactuamos con el mundo y comprendemos nuestro papel en el gran tapiz de la vida.

La piedra angular de esta tradición es la Ahimsa – la no-violencia en su expresión más pura y completa. No se trata solo de evitar herir físicamente a otro ser, sino de eliminar incluso la sombra de la violencia de nuestras intenciones y pensamientos. ¿Y si la paz verdadera no fuera solo una utopía distante, sino una elección diaria, cultivada con disciplina y compasión?

Aquí, descubrirás un universo donde cada alma es responsable de su propio destino, donde la verdad no es rígida, sino multifacética, y donde el conocimiento y la conducta correcta son los únicos caminos hacia la liberación. Este libro no se contenta con solo exponer doctrinas; te desafía a ver el mundo bajo una nueva óptica, a cuestionar tus hábitos y a reflexionar sobre cómo cada elección tuya moldea no solo tu futuro, sino el equilibrio de toda la existencia.

No esperes una lectura común. Estás a punto de ser conducido por un laberinto de ideas profundas, a conocer seres iluminados que trascendieron los límites de la carne y del tiempo, y a comprender que la verdad raramente es absoluta – se revela en capas, como una joya que necesita ser pulida por la experiencia y el discernimiento.

Este libro es un regalo, un mapa para aquellos que buscan un sentido mayor en la vida. No impone dogmas, no exige fe ciega – solo ilumina un camino que siempre ha estado ante nosotros, esperando ser reconocido.

Bienvenido a esta jornada. Permítete absorber cada enseñanza, cuestionar cada concepto, sentir cada palabra resonar en tu interior. Pues, al final de esta lectura, no serás el mismo.

El Editor

Capítulo 1
¿Qué es el Jainismo?

El Jainismo, una de las tradiciones religiosas y filosóficas más antiguas del mundo, emana de las tierras vibrantes y espiritualmente ricas de la India Antigua. A menudo mencionado junto con el Budismo, con el cual comparte raíces y ciertos valores, el Jainismo, sin embargo, posee una identidad distinta y una profunda visión del mundo que lo diferencia. Pero, ¿qué es exactamente el Jainismo? En su esencia, es un camino, una filosofía de vida y una tradición religiosa que enfatiza la no-violencia (Ahimsa) por encima de todo, buscando la liberación espiritual (Moksha) a través de la purificación del alma.

Para comprender el Jainismo, es crucial desvincularse de concepciones occidentalizadas sobre religión y espiritualidad. No es meramente un sistema de creencias teológicas o rituales dogmáticos, sino un conjunto completo de principios éticos, prácticas ascéticas y una cosmovisión que moldea todos los aspectos de la vida de sus practicantes. Imagina una filosofía que coloca la responsabilidad individual en el centro de la jornada espiritual, donde cada acción, cada pensamiento, cada palabra tiene el poder de influenciar el camino hacia la liberación. Esa es la esencia del Jainismo.

Los valores centrales del Jainismo orbitan en torno al principio de Ahimsa, la no-violencia en todas sus formas – física, verbal y mental. No se trata solo de evitar herir físicamente a otros seres, sino de cultivar una profunda compasión por toda la vida, reconociendo el alma (Jiva) presente en cada criatura, por pequeña que sea. Esta completa visión de no-violencia impregna todos los aspectos de la ética Jainista, desde la dieta vegetariana rigurosa hasta la búsqueda de profesiones que minimicen cualquier daño a otras formas de vida.

Paralelamente a Ahimsa, el ascetismo ocupa un lugar destacado en el Jainismo. La creencia fundamental es que el apego al mundo material y a los placeres sensoriales oscurece la verdadera naturaleza del alma y la mantiene presa en el ciclo de nacimiento, muerte y renacimiento. Por lo tanto, la práctica ascética, que involucra la autodisciplina, el ayuno, la meditación y la reducción de la posesión de bienes materiales, es vista como un medio esencial para purificar el alma del Karma, la sustancia sutil que se acumula a través de las acciones y liga el alma al mundo material.

El Jainismo también se distingue por su epistemología única, el Anekantavada, la doctrina de la multiplicidad de perspectivas. Esta visión reconoce que la verdad absoluta es multifacética y compleja, y que ninguna perspectiva única puede aprehenderla completamente. En vez de apegarse a dogmas rígidos, el Jainismo anima la humildad intelectual y la tolerancia, incentivando a considerar diferentes puntos de vista y a evitar el juicio precipitado. Este enfoque epistemológico se refleja en la lógica del Syadvada, que utiliza la predicación condicional ("syat" – quizás, en cierto sentido) para expresar la complejidad de la realidad y evitar afirmaciones dogmáticas absolutas.

Originario de la India Antigua, el Jainismo floreció en un contexto cultural y religioso rico y diversificado. Su emergencia es muchas veces situada en el siglo VI a.C., contemporáneo al surgimiento del Budismo y de otras corrientes de pensamiento que desafiaban las ortodoxias religiosas de la época. La figura central del Jainismo moderno es Mahavira, considerado el último Tirthankara, un "Constructor del Puente" o "Profesor Iluminado" que revitalizó y sistematizó las enseñanzas Jainistas. Sin embargo, la tradición Jainista traza sus orígenes mucho más profundamente en el pasado, creyendo en una sucesión de 24 Tirthankaras que se habrían manifestado a lo largo de eras para guiar a la humanidad en el camino de la liberación.

Aunque el Jainismo pueda ser menos conocido en Occidente que otras religiones orientales, su relevancia en el mundo contemporáneo es innegable. En una era marcada por conflictos, violencia, consumismo desenfrenado y preocupaciones ambientales, los principios Jainistas de no-violencia, autodisciplina, respeto por toda la vida y búsqueda de la verdad a través de múltiples perspectivas resuenan con una urgencia renovada. El mensaje Jainista ofrece un camino para la paz interior, la armonía social y la sostenibilidad ambiental, valores cada vez más esenciales para la supervivencia y el bienestar de la humanidad y del planeta.

A lo largo de este libro, exploraremos en detalle las diversas facetas del Jainismo, desde sus orígenes históricos y escrituras sagradas hasta su filosofía, prácticas, estilo de vida y relevancia en el mundo moderno. Nos sumergiremos en los principios de Ahimsa, Anekantavada y Karma, desvelaremos el camino ascético y contemplativo, y examinaremos las contribuciones del Jainismo a la ética, la ecología y la búsqueda de la paz. Embárcate en esta jornada con nosotros y descubre la profundidad y la belleza del Jainismo: el camino de la no-violencia que floreció en la India y que continúa inspirando a millones de personas alrededor del mundo.

Capítulo 2
Orígenes del Jainismo

Para desentrañar la historia del Jainismo, nos vemos llevados a sumergirnos en las profundidades del tiempo, en las eras remotas de la India Antigua, mucho antes de los registros históricos que conocemos. Los orígenes del Jainismo se pierden en las brumas de la prehistoria, con teorías que apuntan a raíces prevédicas, sugiriendo que esta tradición puede ser aún más antigua que el propio Hinduismo y el sistema védico que lo originó. Esta perspectiva fascinante nos invita a repensar la cronología tradicional de las religiones indias y a considerar la posibilidad de un flujo espiritual continuo que precede a las categorizaciones que imponemos hoy.

Una de las teorías más intrigantes sobre los orígenes del Jainismo reside en la hipótesis de una tradición ascética autóctona de la India, que floreció antes de la llegada de los pueblos indo-arios y de la cultura védica. Evidencias arqueológicas, como sellos y artefactos de la Civilización del Valle del Indo (Harappa y Mohenjo-daro), revelan figuras en posturas meditativas y representaciones de animales reverenciados, que algunos estudiosos interpretan como precursores de conceptos y prácticas Jainistas. Estos descubrimientos alimentan la especulación de que una corriente de pensamiento ascético y no violento ya existía en la India antes de la formación del Hinduismo védico, y que el Jainismo podría ser heredero de esa tradición ancestral.

Al contrastar el Jainismo con las otras corrientes de pensamiento de la India Antigua, como el Budismo y el Hinduismo, percibimos tanto paralelos como divergencias significativas. Es innegable que el Jainismo y el Budismo comparten un terreno común, emergiendo en el mismo período histórico y geográfico, y ambos desafiando el sistema de castas y la autoridad de los rituales védicos. Ambas tradiciones enfatizan la importancia de la no violencia, de la ética y de la búsqueda de la liberación del ciclo de sufrimiento. Sin embargo, sus enfoques y doctrinas divergen en puntos cruciales.

Mientras que el Budismo, en su desarrollo inicial, se centró en el Camino Medio y en un enfoque más pragmático de la práctica espiritual, el Jainismo siempre se ha caracterizado por un ascetismo radical y un énfasis en la purificación extrema del alma. La doctrina Jainista del Alma (Jiva) como una entidad individual, eterna e inherentemente pura, que está aprisionada por la materia y por el Karma, contrasta con la doctrina Budista del No-Yo (Anatta), que niega la existencia de un alma substancial y permanente. Esta diferencia fundamental en la visión del alma influye profundamente en las prácticas y los objetivos espirituales de cada tradición.

En relación con el Hinduismo, la relación es aún más compleja. Aunque el Jainismo se desarrolló en un contexto cultural que también dio origen al Hinduismo, representa, en muchos aspectos, una crítica y una desviación de las prácticas y creencias védicas. El Jainismo rechaza la autoridad de los Vedas, el sistema de castas, los sacrificios rituales y la teología politeísta del Hinduismo védico. En cambio, propone un camino de autoliberación a través del ascetismo y la no violencia, centrado en la purificación individual del alma y en la búsqueda de la iluminación. Sin embargo, a lo largo de la historia, el Jainismo y el Hinduismo coexistieron e interactuaron, influenciándose mutuamente en áreas como ética, filosofía y prácticas devocionales.

Un concepto central para comprender los orígenes y la evolución del Jainismo es la figura de los Tirthankaras. En el Jainismo, se cree que el Dharma (la enseñanza y el camino de la justicia) es revelado en cada era por seres iluminados excepcionales, los Tirthankaras, que literalmente significan "Constructores del Puente" o "Aquellos que Atraviesan el Río". Son vistos como ejemplos supremos de perfección espiritual, habiendo alcanzado la liberación (Moksha) y mostrado el camino para que otros lo sigan. La tradición Jainista reconoce 24 Tirthankaras en cada ciclo cósmico de tiempo, siendo Rishabhanatha el primero y Mahavira el último Tirthankara de esta era.

La importancia de los Tirthankaras reside en el hecho de que no son considerados dioses o avatares divinos, sino seres humanos que, a través de su propio esfuerzo y práctica ascética, alcanzaron la iluminación y se convirtieron en guías espirituales para la humanidad. Sus vidas y enseñanzas sirven como modelos para los practicantes Jainistas, inspirándolos a seguir el camino de la no violencia, del ascetismo y de la búsqueda de la liberación. La creencia en una sucesión continua de Tirthankaras a lo largo del tiempo también refuerza la idea de que el Dharma Jainista es eterno y universal, siempre disponible para aquellos que buscan la verdad.

Las evidencias arqueológicas y literarias de las primeras comunidades Jainistas nos proporcionan pistas valiosas sobre la historia inicial de esta tradición. Inscripciones en rocas, pilares y estupas, que datan de los siglos III y II a.C., mencionan monjes y monjas Jainistas, indicando la existencia de una comunidad monástica organizada ya en un período muy antiguo. El arte Jainista primitivo, encontrado en sitios arqueológicos como Mathura y Sanchi, revela representaciones de los Tirthankaras y escenas de la vida monástica, confirmando la presencia y la influencia del Jainismo en diferentes regiones de la India.

En el campo de la literatura, los Agamas, las escrituras sagradas Jainistas, aunque compiladas en su forma escrita más tardíamente, preservan tradiciones orales y enseñanzas que se remontan a los tiempos de Mahavira y posiblemente a períodos aún más antiguos. Estos textos canónicos ofrecen una visión de la doctrina, de la ética, de las prácticas y de la organización de la comunidad Jainista primitiva. Referencias al Jainismo también se pueden encontrar en otras fuentes literarias de la India Antigua, como textos Budistas e Hinduistas, que, aunque muchas veces presentan perspectivas externas y a veces críticas, corroboran la antigüedad y la relevancia del Jainismo en el panorama religioso de la época.

En resumen, los orígenes históricos del Jainismo permanecen envueltos en misterio y debate, pero las evidencias disponibles apuntan a una tradición rica y compleja, con raíces profundas en la India Antigua. Ya sea como heredero de una tradición prevédica, como un movimiento de reforma dentro del contexto védico, o como una corriente de pensamiento original que emergió en el siglo VI a.C., el Jainismo se estableció como una fuerza espiritual y filosófica duradera, moldeando la cultura India y ofreciendo un camino singular para la liberación espiritual. En los próximos capítulos, continuaremos explorando el fascinante viaje del Jainismo, profundizando en la vida de Mahavira, en las escrituras sagradas y en los principios fundamentales que definen esta antigua y relevante tradición.

Capítulo 3
El Último Tirthankara

En el vasto panorama de la historia jainista, la figura de Mahavira emerge con un brillo singular, como el último Tirthankara de esta era, el 24° del linaje. Mientras que los Tirthankaras anteriores se pierden en las brumas del tiempo mítico, la vida de Mahavira está más firmemente anclada en un contexto histórico, lo que nos permite trazar un perfil biográfico más detallado y comprender el impacto transformador de su existencia y enseñanzas. Nacido como un príncipe, Mahavira renunció a la riqueza y al poder para abrazar un camino ascético radical, alcanzando la iluminación y revitalizando el Dharma jainista para las eras venideras.

El contexto histórico y social del nacimiento de Mahavira es crucial para comprender la singularidad de su jornada. Nació en el siglo VI a.C., en una época de efervescencia intelectual y religiosa en la India Antigua. Este fue el período en que nuevas corrientes de pensamiento desafiaban las tradiciones védicas, cuestionando el sistema de castas, los rituales sacrificiales y la búsqueda de recompensas materiales. El budismo también florecía en esa misma época, y otras sectas ascéticas y filosóficas surgían, buscando caminos alternativos para la liberación espiritual. En este escenario de transformación y cuestionamiento, el jainismo, bajo el liderazgo de Mahavira, encontró un terreno fértil para desarrollarse y diseminar sus enseñanzas.

La tradición jainista relata que Mahavira nació en Kundagrama, cerca de Vaishali, en la región de Bihar, en la India, en una familia Kshatriya (casta guerrera). Su nombre de nacimiento era Vardhamana, que significa "el que aumenta" o "el próspero", reflejando las expectativas de grandeza que rodeaban su nacimiento. Su padre, Siddhartha, era el jefe de un clan llamado Jnatrika, y su madre, Trishala, era hermana del rey Chetaka de Vaishali. Por lo tanto, Mahavira nació en un ambiente de nobleza y privilegio, destinado a una vida de poder y confort material.

Sin embargo, desde temprana edad, Vardhamana demostró una inclinación hacia la introspección y la renuncia. A diferencia de otros jóvenes nobles, él no se sentía atraído por los placeres de la vida palaciega, por los juegos, por la caza o por la búsqueda de poder político. En cambio, buscaba la soledad, la meditación y la contemplación, cuestionando el sentido de la vida y el sufrimiento inherente a la existencia humana. Esta profunda inquietud espiritual le impedía contentarse con la vida mundana y lo impulsaba hacia una búsqueda más profunda.

A los treinta años de edad, tras la muerte de sus padres, Vardhamana tomó la decisión radical de renunciar al mundo material. En un acto de coraje y desapego, abandonó su vida de príncipe, su familia, sus riquezas y todas las comodidades materiales para convertirse en un monje asceta. Esta renuncia no fue un acto impulsivo, sino el resultado de una profunda reflexión y de un deseo sincero de encontrar la verdad y la liberación. La tradición jainista describe este evento como Diksha, la iniciación monástica, un momento crucial en la vida de Mahavira y en el desarrollo del jainismo.

El período de ascetismo y búsqueda espiritual intensa que siguió a la renuncia estuvo marcado por doce años de rigurosa autodisciplina, meditación profunda y extrema austeridad. Mahavira vagó como un asceta errante, desprovisto de bienes materiales, ropa o abrigo fijo. Practicaba el ayuno prolongado, muchas veces absteniéndose de comida y agua por días o semanas seguidas. Soportaba las inclemencias del tiempo, el calor abrasador del verano indio y el frío cortante del invierno, sin buscar refugio o protección. Enfrentaba la hostilidad de personas ignorantes y las picaduras de insectos, sin responder ni irritarse.

Durante este período de ascetismo extremo, Mahavira practicaba la Ahimsa en su forma más radical. Evitaba herir cualquier forma de vida, por pequeña que fuese, en pensamiento, palabra o acción. Caminaba con cuidado para no pisar insectos, usaba un paño sobre la boca para no tragar microorganismos en el aire y barría el suelo frente a él para evitar lastimar a cualquier criatura. Esta práctica meticulosa de la no violencia se convirtió en una marca distintiva del ascetismo jainista y un ejemplo inspirador para sus seguidores.

Después de doce años de intensa práctica ascética y meditación profunda, Mahavira alcanzó la iluminación suprema, el Kevala Jnana, el conocimiento perfecto e infinito. Este momento trascendental marcó el fin de su búsqueda espiritual y el inicio de su misión como un Tirthankara, un guía iluminado para la humanidad. La tradición jainista describe la iluminación de Mahavira como un evento cósmico, acompañado por señales y prodigios, indicando la importancia y la singularidad de su realización.

Después de la iluminación (Kevala Jnana), Mahavira inició su predicación, dedicando el resto de su vida a compartir sus enseñanzas y a mostrar el camino de la liberación para otros. Viajó por diversas regiones de la India, enseñando en lenguaje simple y accesible, atrayendo seguidores de todas las clases sociales, incluyendo reyes, nobles, comerciantes, artesanos y personas humildes. Su mensaje central era el camino de la Ahimsa, de la autodisciplina y de la purificación del alma como medios para alcanzar la liberación del sufrimiento y del ciclo de reencarnación.

Para diseminar sus enseñanzas de forma eficaz, Mahavira organizó la sangha, la comunidad monástica jainista, compuesta por monjes (Sadhu) y monjas (Sadhvi). Estableció reglas y directrices para la vida monástica, enfatizando la Ahimsa, la verdad, la no codicia, la castidad y el desapego. La sangha se convirtió en el núcleo de la tradición jainista, preservando y transmitiendo las enseñanzas de Mahavira a lo largo de los siglos. Además de la comunidad monástica, Mahavira también atrajo a un gran número de laicos y laicas (Shravaka y Shravika), que seguían los principios jainistas en sus vidas cotidianas, practicando los Anuvratas, los votos menores adaptados a la vida laica.

El legado de Mahavira es inmenso y duradero. Es reverenciado como el último Tirthankara, el guía espiritual que revitalizó y sistematizó el jainismo para la presente era. Sus enseñanzas sobre la Ahimsa, la autodisciplina, la no posesividad, el Anekantavada y la búsqueda de la liberación continúan inspirando a millones de personas alrededor del mundo. La sangha jainista, fundada por Mahavira, floreció a lo largo de los siglos, preservando la tradición y diseminando sus valores. El jainismo, como lo conocemos hoy, es en gran parte el resultado de la vida, de las enseñanzas y del legado transformador de Mahavira, el último Tirthankara, el león espiritual que rugió el mensaje de la no violencia y de la liberación para toda la humanidad.

Capítulo 4
Escrituras Jainistas

Más allá de la vida ejemplar de Mahavira, la tradición Jainista legó al mundo un cuerpo vasto y complejo de escrituras sagradas, conocidas como Agamas. Estas escrituras, que se traducen literalmente como "aquello que vino de la tradición" o "aquello que fue transmitido", representan la propia espina dorsal del Jainismo, la fuente primaria de sus enseñanzas, doctrinas, prácticas e historia. Los Agamas no son solo textos religiosos en el sentido convencional, sino la expresión codificada del Dharma Jainista, el camino de la justicia y la liberación revelado por los Tirthankaras y preservado a lo largo de las generaciones.

El concepto fundamental detrás de los Agamas es el Shruta Jnana, el "conocimiento oído" o "conocimiento transmitido oralmente". En la tradición Jainista, se cree que las enseñanzas de los Tirthankaras fueron originalmente transmitidas oralmente por sus discípulos directos, los Gandharas y los Shrutakevalins. Estos seres iluminados poseían la capacidad de memorizar y transmitir fielmente las palabras de los Tirthankaras, garantizando la pureza y la autenticidad de la tradición. Durante siglos, el Shruta Jnana fue preservado oralmente, recitado, memorizado y transmitido de maestro a discípulo, formando la base de la tradición Jainista.

La formación del canon Jainista, es decir, la compilación de los Agamas en forma escrita, es un proceso complejo y multifacético, que se extendió por varios siglos. Aunque la tradición oral fue primordial en los primeros siglos del Jainismo, la necesidad de preservar las enseñanzas frente a las vicisitudes del tiempo y las potenciales pérdidas de memoria llevó a la gradual escritura de los Agamas. El proceso de canonización no fue lineal ni unificado, y diferentes sectas Jainistas, como los Digambaras y los Svetambaras, terminaron desarrollando cánones escriturísticos distintos, reflejando las particularidades de sus tradiciones e interpretaciones.

Para los Svetambaras, la secta Jainista "vestida de blanco", el canon Agama completo consiste en 45 textos, divididos en diversas categorías. Las principales divisiones de los Agamas Svetambaras son los Angas, los Upangas, los Prakirnakas, los Chedasutras, los Mulasutras y los Anuyogadvaras. Los Angas (miembros) son considerados los textos más antiguos e importantes, conteniendo las enseñanzas esenciales de Mahavira. Los Upangas (miembros secundarios) expanden y complementan las enseñanzas de los Angas. Los Prakirnakas (textos diversos) abordan una variedad de tópicos doctrinarios y prácticos. Los Chedasutras (textos disciplinares) tratan de las reglas y regulaciones para la vida monástica. Los Mulasutras (textos raíz) proporcionan los fundamentos de la doctrina y la práctica Jainista. Y los Anuyogadvaras (puertas de entrada para la exposición) ofrecen métodos para la interpretación y el estudio de los Agamas.

Los Digambaras, la secta Jainista "vestida de cielo", poseen una visión diferente sobre el canon Agama. Ellos creen que los Agamas originales, los Purvas (textos antiguos), se perdieron hace mucho tiempo, y que los textos actualmente disponibles, conocidos como Angabahyas (externos a los Angas), son de autoridad secundaria. Sin embargo, los Digambaras también reverencian un conjunto de escrituras importantes, como los Shatkhandagama, los Kashayapahuda, los Samayasara, los Pravachanasara y los Niyamasara, que consideran que preservan la esencia de las enseñanzas Jainistas. La divergencia en los cánones escriturísticos entre Svetambaras y Digambaras refleja las diferencias históricas y doctrinarias que surgieron a lo largo del tiempo entre las dos sectas.

Las lenguas sagradas de los Agamas son principalmente el Ardhamagadhi y el Sánscrito. El Ardhamagadhi, una forma antigua del Prácrito, era la lengua vernácula hablada en la región de Magadha, donde Mahavira predicó y donde el Jainismo floreció inicialmente. Se cree que Mahavira enseñó en Ardhamagadhi para alcanzar al público común y hacer sus enseñanzas accesibles a todos. Posteriormente, el Sánscrito, la lengua clásica de la India, también fue utilizado en la composición y en la interpretación de los Agamas, especialmente en comentarios y obras filosóficas. El uso de ambas lenguas refleja la diversidad cultural y lingüística del contexto en el que el Jainismo se desarrolló.

La interpretación y la importancia de las escrituras en la práctica Jainista son temas complejos y multifacéticos. Los Agamas no son vistos como textos dogmáticos o inflexibles, sino como guías para la práctica espiritual y la comprensión del Dharma. La tradición Jainista reconoce la necesidad de interpretación (Niryukti) para comprender el significado profundo de los Agamas, teniendo en cuenta el contexto histórico, cultural y doctrinario. Comentarios extensos fueron escritos a lo largo de los siglos por eruditos Jainistas, buscando elucidar las enseñanzas de los Agamas y hacerlos relevantes para las diferentes épocas y contextos.

La importancia de las escrituras en la vida Jainista es multifacética. Los Agamas sirven como fuente de autoridad doctrinaria, definiendo los principios fundamentales del Jainismo, como la Ahimsa, el Karma, el Moksha y el Anekantavada. Proporcionan orientación ética para la conducta moral, tanto para monjes y monjas como para laicos y laicas. Ofrecen prácticas espirituales como la meditación, el ascetismo, el estudio y la devoción, como medios para la purificación del alma y la búsqueda de la liberación. También narran la historia de los Tirthankaras y de la comunidad Jainista, transmitiendo la herencia cultural y religiosa de la tradición.

El estudio de los Agamas (Agama Adhyayana) es considerado una práctica espiritual meritoria en sí misma. Los Jainistas son animados a leer, escuchar, recitar, memorizar y contemplar las escrituras, buscando profundizar su comprensión del Dharma y fortalecer su fe. El estudio de los Agamas no es solo un ejercicio intelectual, sino una forma de inmersión en la sabiduría de los Tirthankaras, un medio de conectarse con la tradición y de recibir inspiración y orientación para el viaje espiritual. Los Agamas son vistos como un tesoro inestimable, un faro que ilumina el camino hacia la liberación y que ofrece una guía segura para aquellos que buscan la verdad y la paz interior.

En resumen, las escrituras Jainistas, los Agamas, representan un legado precioso de la tradición, la voz de los Tirthankaras resonando a través de los siglos. Su formación compleja, sus diversas divisiones, sus lenguas sagradas y su rica historia de interpretación reflejan la profundidad y la vitalidad del Jainismo. Los Agamas no son solo textos antiguos, sino fuentes vivas de sabiduría y orientación, que continúan inspirando y guiando a los practicantes Jainistas en el camino de la no violencia, la autodisciplina y la búsqueda de la liberación espiritual. En el próximo capítulo, exploraremos los principios centrales del Jainismo, las Tres Joyas y los Cinco Grandes Votos, que derivan directamente de las enseñanzas de los Agamas y que forman la base de la ética y la práctica Jainista.

Capítulo 5
Principios Centrales del Jainismo

En el corazón palpitante de la tradición Jainista reside un conjunto de principios centrales que actúan como brújula y guía en el viaje espiritual hacia la liberación. Estos principios, elegantemente sintetizados en las Tres Joyas (Ratnatraya) y los Cinco Grandes Votos (Mahavratas), ofrecen un mapa claro y un camino práctico para la purificación del alma, la superación del sufrimiento y la conquista de la paz interior. No son meros dogmas o reglas arbitrarias, sino los pilares fundamentales de la ética y la práctica Jainista, interconectados e interdependientes, formando un sistema coherente y completo para la transformación espiritual.

Las Tres Joyas (Ratnatraya), también conocidas como los "Tres Caminos de la Liberación", representan los fundamentos esenciales para el viaje espiritual Jainista. Ellas son: Visión Correcta (Samyak Darshana), Conocimiento Correcto (Samyak Jnana) y Conducta Correcta (Samyak Charitra). Estas tres joyas no son entidades separadas, sino facetas interdependientes de un mismo camino, complementándose y reforzándose mutuamente. Así como una joya multifacética brilla en diferentes direcciones, las Tres Joyas iluminan el camino espiritual Jainista desde diferentes perspectivas, conduciendo al practicante a la verdadera realización.

La Visión Correcta (Samyak Darshana) es el punto de partida, la base sobre la cual las otras joyas se apoyan. Se refiere a la fe racional y a la convicción en los principios fundamentales del Jainismo, como la existencia del alma (Jiva), la ley del Karma, la posibilidad de la liberación (Moksha) y la validez del camino Jainista para alcanzarla. No se trata de una fe ciega o dogmática, sino de una comprensión intelectual e intuitiva de la verdad Jainista, basada en el estudio, la reflexión y la experiencia. La Visión Correcta implica ver el mundo y a sí mismo de acuerdo con la perspectiva Jainista, reconociendo la realidad del alma, del Karma y del ciclo de reencarnación, y aspirando a la liberación como el objetivo último de la vida.

El Conocimiento Correcto (Samyak Jnana) es la segunda joya, que se desarrolla a partir de la Visión Correcta. Se refiere al entendimiento correcto y preciso de la doctrina Jainista, obtenido a través del estudio de las escrituras (Agamas), del aprendizaje con maestros espirituales y de la contemplación. El Conocimiento Correcto no es meramente la acumulación de información intelectual, sino la comprensión profunda y vivencial de los principios Jainistas, que se traduce en sabiduría y discernimiento. Incluye el conocimiento sobre la naturaleza del alma, del Karma, de las etapas del viaje espiritual (Gunasthanas), de las prácticas ascéticas y del camino para la liberación. El Conocimiento Correcto capacita al practicante a discernir lo correcto de lo incorrecto, a tomar decisiones éticas y a transitar el camino espiritual con claridad y propósito.

La Conducta Correcta (Samyak Charitra) es la tercera joya, la culminación de las dos anteriores. Se refiere a la práctica ética y moral en conformidad con los principios Jainistas, especialmente la Ahimsa (no violencia). La Conducta Correcta abarca todos los aspectos de la vida, desde las acciones físicas y verbales hasta los pensamientos e intenciones. Implica vivir de acuerdo con los votos Jainistas, practicar el ascetismo, la meditación, la autodisciplina y cultivar virtudes como la compasión, la honestidad, la no codicia y el desapego. La Conducta Correcta es el lado práctico del viaje espiritual, la aplicación concreta de los principios Jainistas en la vida cotidiana, buscando la purificación del Karma y el progreso hacia la liberación.

Las Tres Joyas se manifiestan concretamente en los Cinco Grandes Votos (Mahavratas), que representan los preceptos éticos fundamentales para monjes y monjas Jainistas, aquellos que han renunciado completamente a la vida mundana y se han dedicado integralmente al camino espiritual. Estos cinco votos son: Ahimsa (No Violencia), Satya (Verdad), Asteya (No Robar), Brahmacharya (Castidad) y Aparigraha (No Posesividad). Representan la expresión máxima de la ética Jainista y una guía rigurosa para la conducta moral y espiritual.

Ahimsa (No Violencia), como ya se ha mencionado, es la piedra angular de la ética Jainista. El Primer Gran Voto exige la no violencia absoluta en pensamiento, palabra y acción, en relación con todos los seres vivos, desde los mayores animales hasta los menores microorganismos. Para los monjes y monjas, esto significa un compromiso extremo con la no violencia, evitando cualquier forma de daño o sufrimiento a cualquier criatura. Siguen reglas estrictas en su dieta, en sus movimientos y en sus interacciones con el mundo, buscando minimizar al máximo cualquier impacto negativo sobre otras formas de vida.

Satya (Verdad), el Segundo Gran Voto, exige la veracidad absoluta en todas las situaciones. Significa abstenerse de mentir, engañar, distorsionar la verdad o usar el lenguaje de forma perjudicial. Para los ascetas Jainistas, la búsqueda de la verdad es fundamental, y la palabra debe ser usada con cuidado y responsabilidad, siempre buscando la claridad, la honestidad y la no violencia en la comunicación.

Asteya (No Robar), el Tercer Gran Voto, exige la abstención completa de robar o de apropiarse de algo que no ha sido dado libremente. Para los monjes y monjas, esto significa no solo evitar el robo en el sentido convencional, sino también no aceptar nada que no sea ofrecido espontáneamente, viviendo con simplicidad y contentamiento con lo que es esencial para la supervivencia.

Brahmacharya (Castidad), el Cuarto Gran Voto, exige la abstención total de la actividad sexual y la práctica del celibato absoluto. Para los ascetas Jainistas, la energía sexual es vista como una fuerza poderosa que puede desviar la mente de la búsqueda espiritual y crear apego al mundo material. El Brahmacharya busca canalizar esa energía hacia la práctica espiritual, promoviendo la pureza mental y la autodisciplina.

Aparigraha (No Posesividad), el Quinto Gran Voto, exige el desapego completo de bienes materiales y la reducción de la posesión a lo mínimo esencial. Para los monjes y monjas, esto significa vivir sin posesiones, dependiendo de la caridad de los laicos para las necesidades básicas como alimento, vestimenta y abrigo. La Aparigraha busca superar el apego al mundo material, reconociendo que la verdadera riqueza reside en el alma y no en las posesiones externas.

Para los laicos y laicas (Shravakas y Shravikas), que viven en el mundo y no han renunciado a la vida familiar y profesional, se prescriben los Cinco Votos Menores (Anuvratas). Estos votos representan una adaptación de los Cinco Grandes Votos para la vida laica, permitiendo que los practicantes Jainistas sigan los principios éticos en su contexto cotidiano, sin el rigor extremo del monasticismo. Los Anuvratas son Ahimsa Anuvrata (No Violencia Menor), Satya Anuvrata (Verdad Menor), Asteya Anuvrata (No Robar Menor), Brahmacharya Anuvrata (Castidad Menor) y Aparigraha Anuvrata (No Posesividad Menor). Aunque menos rigurosos que los Mahavratas, los Anuvratas representan un compromiso serio con la ética Jainista y un camino gradual para la purificación y el progreso espiritual en la vida laica.

En resumen, las Tres Joyas y los Cinco Grandes Votos (y Anuvratas) constituyen el núcleo de la ética y de la práctica Jainista. Representan un sistema interconectado de principios que buscan la transformación completa del individuo, desde la visión del mundo y el conocimiento intelectual hasta la conducta moral y las prácticas espirituales. Al seguir este camino, los Jainistas buscan purificar sus almas del Karma, superar el sufrimiento y alcanzar la liberación final (Moksha), el estado de paz, bienaventuranza y conocimiento infinitos. En los próximos capítulos, exploraremos en profundidad cada uno de estos principios, desvelando sus matices e implicaciones para la vida Jainista y para el mundo contemporáneo.

Capítulo 6
La Piedra Angular de la Ética Jainista

Si existe un principio que define e impregna el Jainismo en su totalidad, ese principio es, sin duda, la Ahimsa, la no violencia. Más que un mero precepto ético, la Ahimsa asciende al estatus de piedra angular, el cimiento sobre el cual toda la estructura moral, espiritual y práctica del Jainismo es construida. No se trata solo de una recomendación para evitar la violencia, sino de un imperativo absoluto, un compromiso inquebrantable con la no agresión y el respeto por toda y cualquier forma de vida, en todas las dimensiones de la existencia. Comprender la profundidad y el alcance de la Ahimsa es esencial para adentrarse en el universo Jainista y vislumbrar su singular contribución a la ética y la espiritualidad mundial.

La definición y alcance del concepto de Ahimsa en el Jainismo sobrepasan con creces la comprensión superficial de la no violencia física. Ahimsa no se limita a evitar actos de agresión física contra otros seres humanos o animales. Abarca, de forma crucial, la no violencia verbal y mental. De hecho, el Jainismo enfatiza que la violencia puede manifestarse en tres niveles distintos: a través del cuerpo (física), de la palabra (verbal) y del pensamiento (mental). Cada uno de estos niveles es igualmente importante e interconectado, y el verdadero practicante de Ahimsa busca cultivar la no violencia en las tres dimensiones.

La no violencia física (Kayik Ahimsa) se refiere a la abstención de cualquier acto que cause daño físico, sufrimiento o muerte a cualquier ser vivo. Esto incluye no solo actos directos de violencia, como la agresión física o el asesinato, sino también acciones indirectas que puedan resultar en daño, como la explotación de animales, la destrucción del medio ambiente o la negligencia con el bienestar de otras criaturas. El vegetarianismo riguroso Jainista, por ejemplo, es una expresión directa de la Kayik Ahimsa, buscando evitar cualquier participación en la violencia inherente a la producción de carne y otros productos de origen animal.

La no violencia verbal (Vachik Ahimsa) se refiere al uso del lenguaje de forma pacífica, honesta y constructiva. Implica evitar palabras que puedan herir, insultar, difamar, engañar o causar sufrimiento emocional a otros. La Vachik Ahimsa fomenta la comunicación compasiva, gentil y verdadera, buscando siempre la armonía, el entendimiento mutuo y la resolución pacífica de conflictos. El silencio, en ciertas situaciones, puede ser considerado una forma de Vachik Ahimsa, cuando hablar pueda generar discordia o violencia.

La no violencia mental (Manasik Ahimsa), quizás la dimensión más sutil y desafiante de la Ahimsa, se refiere a la purificación de la mente de pensamientos violentos, agresivos, odiosos o perjudiciales. Implica cultivar la benevolencia, la compasión, la empatía y el amor hacia todos los seres. La Manasik Ahimsa busca erradicar las raíces de la violencia en la propia mente, reconociendo que los pensamientos son los precursores de las palabras y de las acciones. La meditación y la autodisciplina mental son prácticas esenciales para cultivar la Manasik Ahimsa y transformar la mente en un instrumento de paz y armonía.

La base filosófica de la Ahimsa en el Jainismo reside en el concepto de Jiva. Jiva, en el Jainismo, se refiere al alma individual, la conciencia pura y eterna que anima a todos los seres vivos. La creencia fundamental es que todos los seres vivos, desde los seres humanos hasta los más pequeños microorganismos, poseen Jiva y, por lo tanto, poseen la misma capacidad de sentir dolor, sufrimiento y alegría. Esta visión de unidad e interconexión de toda la vida fundamenta el respeto Jainista por todas las formas de vida y el imperativo de la Ahimsa.

Ahimsa como respeto a todas las formas de vida (Jiva) significa reconocer la sacralidad y la dignidad inherente a cada criatura viva. No se trata de jerarquizar las formas de vida o de considerar algunas más valiosas que otras. Para el Jainista, toda vida es preciosa y merece ser protegida y respetada. Esta visión integral de la vida se extiende no solo a los animales, sino también a las plantas, a los insectos, a los microorganismos e incluso a los elementos de la naturaleza, como el agua y el aire, que son considerados como poseedores de formas sutiles de Jiva. Esta profunda reverencia por la vida es lo que motiva el vegetarianismo radical, las prácticas ascéticas y el estilo de vida Jainista.

Las implicaciones prácticas de Ahimsa en la vida diaria son vastas y abrangentes. Estas permean todos los aspectos de la existencia Jainista, desde la alimentación y la profesión hasta el comportamiento y las relaciones sociales. En la alimentación, la Ahimsa se manifiesta en el vegetarianismo riguroso, que excluye carne, pescado, huevos y, en algunas tradiciones Jainistas, incluso raíces y tubérculos, por considerarlos como implicando la muerte o el sufrimiento de seres vivos. La dieta Jainista se basa en granos, legumbres, frutas, verduras y lácteos (para aquellos que no siguen el vegetarianismo vegano), buscando minimizar al máximo el impacto sobre otras formas de vida.

En la profesión, los Jainistas son alentados a elegir actividades que sean compatibles con el principio de la Ahimsa, evitando profesiones que involucren violencia, explotación de animales, o daño al medio ambiente. Profesiones como la medicina, la enseñanza, el servicio social, las artes y el comercio justo son vistas como más alineadas con los valores Jainistas que profesiones como la caza, la pesca, la matanza de animales, la producción de armas o actividades que causen polución y destrucción ambiental.

En el comportamiento cotidiano, la Ahimsa se expresa en la gentileza, en la compasión, en la honestidad, en la tolerancia y en el respeto hacia todos los seres. Los Jainistas son alentados a evitar la ira, el odio, los celos, el orgullo y otras emociones negativas que puedan conducir a la violencia. Ellos buscan cultivar la paciencia, la humildad, la generosidad y la empatía, buscando siempre el bienestar y la felicidad de todos.

Ahimsa y la compasión universal (Karuna) son conceptos intrínsecamente ligados en el Jainismo. Ahimsa no es solo la ausencia de violencia, sino también la presencia activa de la compasión y del amor por todos los seres. Karuna, la compasión universal, es la emoción que surge naturalmente de la comprensión de la interconexión de toda la vida y del reconocimiento del sufrimiento ajeno como nuestro propio sufrimiento. La compasión Jainista no se limita a los seres humanos, sino que se extiende a todos los seres vivos, sin distinción. Ella motiva la acción altruista, el servicio desinteresado y la búsqueda del alivio del sufrimiento en todas sus formas.

Finalmente, la Ahimsa como camino para la paz interior y exterior revela su profunda relevancia tanto en el plano individual como en el colectivo. Al cultivar la no violencia en todas las dimensiones de la vida, el practicante Jainista busca alcanzar la paz interior, la serenidad mental y la liberación del ciclo de sufrimiento. La Ahimsa purifica la mente de las emociones negativas, calma las pasiones y promueve la armonía interior. Al mismo tiempo, la Ahimsa contribuye a la paz exterior, la construcción de una sociedad más justa, pacífica y sostenible. El mensaje de la no violencia Jainista resuena con urgencia en un mundo marcado por conflictos, guerras y desigualdades, ofreciendo un camino para la transformación personal y social, hacia un futuro de paz y armonía universal.

En resumen, la Ahimsa Jainista es mucho más que la simple ausencia de violencia. Es un principio ético integral y profundo, un camino espiritual completo que permea todos los aspectos de la vida. Al abrazar la Ahimsa en su totalidad, el Jainista busca purificar su alma, cultivar la compasión universal y contribuir a la paz interior y exterior. La Ahimsa, la piedra angular de la ética Jainista, es un faro de esperanza en un mundo convulso, una invitación a la transformación personal y social, y un camino para la realización de la verdadera naturaleza humana: la naturaleza de la paz, del amor y de la no violencia.

Capítulo 7
La Epistemología Jainista

En el intrincado edificio filosófico del Jainismo, se erigen dos pilares epistemológicos que confieren singularidad y profundidad a su visión del mundo: Anekantavada y Syadvada. Estos conceptos, intrínsecamente ligados y complementarios, representan el enfoque jainista para la comprensión de la realidad, del conocimiento y de la verdad. Lejos de dogmatismos y afirmaciones absolutas, el Jainismo, a través del Anekantavada y Syadvada, propone una epistemología relativista, abierta y tolerante, reconociendo la complejidad inherente a la existencia y la limitación de la perspectiva humana para aprehenderla en su totalidad. Explorar estos conceptos es adentrarse en el corazón de la filosofía jainista y desvelar su visión única sobre la naturaleza del conocimiento y de la verdad.

Anekantavada, que se traduce como "doctrina de la no-unilateralidad" o "doctrina de la multiplicidad de aspectos", es el principio jainista del relativismo metafísico y epistemológico. En su esencia, el Anekantavada afirma que la realidad es multifacética, compleja y posee innumerables aspectos. Ningún objeto, evento o concepto puede ser comprendido en su totalidad desde una única perspectiva, pues la verdad es relativa al punto de vista, al tiempo, al lugar y a las circunstancias. Esta doctrina desafía la visión lineal y dualista de la realidad, proponiendo una comprensión más rica y matizada, que reconoce la diversidad y la interconexión de todos los fenómenos.

La implicación fundamental del Anekantavada es la relatividad de la verdad. Para el Jainismo, no existe una verdad absoluta, única e inmutable, accesible a una única perspectiva. La verdad es siempre parcial, relativa y dependiente del punto de vista del observador. Cada perspectiva revela solo un aspecto de la realidad, y la comprensión completa de la verdad requiere la integración de múltiples perspectivas, la consideración de diferentes ángulos y la superación de la visión unilateral. Esta relatividad de la verdad no implica escepticismo o nihilismo, sino humildad epistemológica y tolerancia intelectual.

Syadvada, la "doctrina del 'Syat'", o "doctrina de la predicación condicional", es la expresión lógica y lingüística del Anekantavada. Syat, en sánscrito, significa "quizás", "posiblemente", "en cierto sentido". El Syadvada propone que todas las afirmaciones sobre la realidad deben ser cualificadas con el adverbio "Syat", indicando que son solo parcialmente verdaderas, válidas solo bajo ciertas condiciones y perspectivas. Esta lógica de la predicación condicional pretende evitar afirmaciones dogmáticas y absolutas, reconociendo la limitación del lenguaje y de la mente humana para expresar la complejidad de la realidad.

El Syadvada se manifiesta en la forma de la Saptabhangi, la "lógica de las siete predicaciones" o "siete modos de predicación". La Saptabhangi es un sistema lógico que utiliza siete proposiciones para expresar la complejidad de cualquier afirmación sobre la realidad, considerando las diferentes perspectivas y posibilidades. Las siete proposiciones son:

Syat asti: "En cierto sentido, es" (Afirmación de la existencia bajo una perspectiva).

Syat nasti: "En cierto sentido, no es" (Negación de la existencia bajo otra perspectiva).

Syat asti ca nasti ca: "En cierto sentido, es y no es" (Afirmación y negación simultáneas bajo diferentes perspectivas).

Syat avaktavyam: "En cierto sentido, es indescriptible" (Inexpresabilidad total bajo una perspectiva).

Syat asti ca avaktavyam ca: "En cierto sentido, es y es indescriptible" (Afirmación e inexpresabilidad simultáneas bajo diferentes perspectivas).

Syat nasti ca avaktavyam ca: "En cierto sentido, no es y es indescriptible" (Negación e inexpresabilidad simultáneas bajo diferentes perspectivas).

Syat asti ca nasti ca avaktavyam ca: "En cierto sentido, es, no es y es indescriptible" (Afirmación, negación e inexpresabilidad simultáneas bajo diferentes perspectivas).

La Saptabhangi no debe ser interpretada como una forma de confusión o indecisión, sino como una herramienta para el análisis profundo y multifacético de la realidad. Al utilizar la lógica condicional del Syadvada, el Jainismo busca evitar el dogmatismo, la rigidez y la visión unilateral, promoviendo la flexibilidad mental, la apertura a diferentes perspectivas y la comprensión de la complejidad inherente a la verdad.

Para auxiliar en la aplicación del Anekantavada y del Syadvada, el Jainismo utiliza el Nayavada, la "doctrina de los puntos de vista" o "doctrina de las perspectivas parciales". Naya significa "punto de vista", "perspectiva", "ángulo de visión". El Nayavada reconoce que existen innumerables puntos de vista posibles para abordar cualquier realidad, cada uno revelando un aspecto particular y parcial de la verdad. Al utilizar el Nayavada, el Jainismo nos invita a considerar diferentes perspectivas antes de formar un juicio o llegar a una conclusión, reconociendo que ninguna perspectiva única es suficiente para aprehender la totalidad de la verdad.

El Nayavada clasifica los puntos de vista en diversas categorías, como el Dravyarthikanaya (punto de vista sustancial), que se enfoca en la sustancia o esencia permanente de un objeto, y el Paryayarthikanaya (punto de vista modal), que se enfoca en las cualidades mutables y en los modos de un objeto. Al considerar ambos puntos de vista, por ejemplo, podemos comprender que un alma (Jiva) es sustancialmente eterna e inmutable (Dravyarthikanaya), pero también se manifiesta a través de diferentes estados y cualidades mutables (Paryayarthikanaya) a lo largo del ciclo de reencarnación. El Nayavada nos ayuda a evitar la visión reduccionista y unilateral, integrando diferentes perspectivas para una comprensión más completa y equilibrada.

La importancia de la humildad intelectual y de la tolerancia en la filosofía jainista deriva directamente del Anekantavada y del Syadvada. Al reconocer la relatividad de la verdad y la limitación de la perspectiva humana, el Jainismo promueve una postura de humildad intelectual, que reconoce que nuestro conocimiento es siempre parcial e incompleto, y que estamos siempre sujetos a errores y equívocos. Esta humildad intelectual nos lleva a la tolerancia, al respeto por las diferentes opiniones y creencias, y a la apertura al diálogo y al aprendizaje con los otros. El Jainismo nos enseña a evitar el juicio precipitado, a condenar las opiniones ajenas y a apegarnos dogmáticamente a nuestras propias creencias, reconociendo que la verdad puede manifestarse de diversas formas y en diferentes perspectivas.

Finalmente, el Anekantavada y el Syadvada como herramientas para resolver conflictos y promover el diálogo revelan su profunda relevancia práctica y social. En un mundo marcado por conflictos ideológicos, religiosos y políticos, la epistemología jainista ofrece un camino para la comprensión mutua, la resolución pacífica de divergencias y la construcción de puentes entre diferentes perspectivas. Al reconocer que cada lado de un conflicto puede tener una parte de verdad, que diferentes opiniones pueden ser válidas bajo diferentes puntos de vista, y que la verdad completa emerge del diálogo y de la integración de múltiples perspectivas, el Anekantavada y el Syadvada nos capacitan para superar el dogmatismo, la intolerancia y la visión unilateral, promoviendo la armonía social, la cooperación y la búsqueda de soluciones consensuadas.

En resumen, el Anekantavada y el Syadvada, la epistemología jainista, representan una contribución singular para la filosofía y la espiritualidad mundial. Al proponer una visión relativista de la verdad, una lógica condicional y el uso de múltiples perspectivas, el Jainismo nos invita a superar el dogmatismo, la intolerancia y la visión unilateral, cultivando la humildad intelectual, la tolerancia, el diálogo y la búsqueda de una comprensión más rica y completa de la realidad. Estos principios epistemológicos no son solo abstracciones filosóficas, sino herramientas prácticas para la vida cotidiana, que nos capacitan para construir relaciones más armoniosas, para resolver conflictos de forma pacífica y para recorrer el camino espiritual con sabiduría, discernimiento y apertura mental. En el próximo capítulo, exploraremos la Teoría del Karma en el Jainismo, desvelando la ley de causa y efecto espiritual que fundamenta la ética y la práctica jainista, y que se conecta profundamente con la epistemología relativista del Anekantavada y Syadvada.

Capítulo 8
La Ley de Causa y Efecto Espiritual

En el intrincado sistema filosófico del Jainismo, la Teoría del Karma ocupa un lugar central, actuando como el engranaje maestro que mueve la rueda de la existencia, moldeando las experiencias de cada ser vivo e impulsando el viaje espiritual hacia la liberación. A diferencia de otras concepciones de Karma presentes en otras tradiciones indias, el Jainismo ofrece una visión singular y profundamente detallada del Karma, no como un destino predeterminado o una fuerza abstracta, sino como una sustancia sutil, material y real, que se acumula en el alma (Jiva) en respuesta a las acciones, pensamientos e intenciones de cada individuo. Desvelar la Teoría del Karma Jainista es crucial para comprender la ética, la práctica ascética y el objetivo final de la liberación (Moksha) dentro de esta tradición.

El concepto de Karma como una sustancia sutil es una de las características distintivas de la teoría Jainista. En el Jainismo, el Karma no es meramente una ley moral de causa y efecto, sino una entidad casi física, Pudgala (materia) sutil, que se adhiere al alma, obscureciendo su pureza inherente y aprisionándola en el ciclo de nacimiento, muerte y renacimiento. Esta sustancia kármica se describe como siendo extremadamente fina y sutil, penetrando en el alma e influyendo en sus facultades cognitivas, emocionales y volitivas. La metáfora frecuentemente utilizada es la de polvo fino que se acumula en un espejo, obscureciendo su capacidad de reflejar la luz. De la misma forma, el Karma obscurece la naturaleza pura y luminosa del alma, impidiéndole manifestar su potencial máximo.

Existen diferentes categorías de Karma en el Jainismo, clasificadas con base en sus efectos y en la forma en que influyen en el alma. La principal distinción es entre Ghatiya Karma (Karmas Obstructivos) y Aghatiya Karma (Karmas No Obstructivos). Los Ghatiya Karmas son aquellos que obstruyen las facultades intrínsecas del alma, impidiéndole manifestar su conocimiento infinito, percepción infinita, bienaventuranza infinita y poder infinito. Existen cuatro tipos principales de Ghatiya Karma:

Jnanavaraniya Karma (Karma que obscurece el conocimiento): Impide al alma alcanzar el Conocimiento Correcto (Samyak Jnana), generando ignorancia y desilusión.

Darshanavaraniya Karma (Karma que obscurece la percepción): Impide al alma alcanzar la Visión Correcta (Samyak Darshana), generando incredulidad y visión distorsionada de la realidad.

Mohaniya Karma (Karma que genera ilusión): Obscurece la capacidad del alma de experimentar la verdadera bienaventuranza, generando apego, aversión, pasiones y emociones perturbadoras.

Antaraya Karma (Karma que obstruye el poder): Impide al alma ejercer su poder inherente, generando obstáculos e impedimentos en la práctica espiritual y en la realización de acciones meritorias.

Los Aghatiya Karmas, por otro lado, son Karmas no obstructivos, que afectan las condiciones externas de la vida del alma, como el cuerpo, la duración de la vida, las circunstancias sociales y el placer/sufrimiento, pero no obstruyen directamente sus facultades intrínsecas. Existen también cuatro tipos principales de Aghatiya Karma:

Vedaniya Karma (Karma que causa experiencia): Responsable de las experiencias de placer y sufrimiento, generando sensaciones agradables y desagradables.

Ayu Karma (Karma que determina la duración de la vida): Define el tiempo de vida en cada encarnación, determinando el período de existencia en un determinado cuerpo.

Nama Karma (Karma que define la individualidad): Responsable de la formación del cuerpo físico, sus características, habilidades y predisposiciones, confiriendo individualidad y forma a cada ser.

Gotra Karma (Karma que determina el estatus social): Define las circunstancias sociales de nacimiento, familia, casta, riqueza y posición social, influyendo en el ambiente de vida y las oportunidades disponibles.

Los mecanismos de ligadura (Bandha), fruición (Vedana), derramamiento (Nirjara) y liberación (Moksha) del Karma describen el ciclo de acumulación, experiencia y eliminación de la sustancia kármica en el alma. Bandha (ligadura) es el proceso por el cual el Karma se adhiere al alma en respuesta a las acciones, pensamientos e intenciones. La ligadura del Karma es influenciada por diversos factores, como la intensidad de las emociones (Kashaya), la naturaleza de la acción (Yoga), la modalidad de la acción (Karana) y la causa de la acción (Adhikarana). Acciones impulsadas por pasiones intensas, como ira, odio, apego y orgullo, generan un Karma más denso y duradero, mientras que acciones motivadas por compasión, desapego y sabiduría generan un Karma más leve y transitorio.

Vedana (fruición) es el proceso de experimentar los resultados del Karma acumulado. Así como una semilla plantada germina y produce frutos, el Karma madura a lo largo del tiempo y se manifiesta como experiencias de placer y sufrimiento, salud y enfermedad, éxito y fracaso, y otras vicisitudes de la vida. La fruición del Karma no es un castigo divino o una recompensa arbitraria, sino la consecuencia natural e inevitable de la ley de causa y efecto espiritual.

Nirjara (derramamiento) es el proceso de eliminar o "quemar" el Karma acumulado, liberando al alma de su influencia. Existen dos formas principales de Nirjara: Savipaka Nirjara (derramamiento espontáneo) y Avipaka Nirjara (derramamiento intencional). Savipaka Nirjara ocurre naturalmente a lo largo del tiempo, cuando el Karma madura y se agota a través de la fruición. Avipaka Nirjara, por otro lado, es un proceso activo e intencional, que involucra la práctica ascética, la meditación, el arrepentimiento y la conducta ética, visando a acelerar la eliminación del Karma y purificar el alma.

Moksha (liberación) es el objetivo final del viaje espiritual Jainista, el estado de liberación completa y permanente del ciclo de reencarnación y del yugo del Karma. Moksha se alcanza cuando todos los Karmas, tanto Ghatiya como Aghatiya, son completamente erradicados del alma. En este estado, el alma manifiesta su naturaleza pura y original, libre de cualquier obscurecimiento o limitación, experimentando conocimiento infinito, percepción infinita, bienaventuranza infinita y poder infinito. El alma liberada (Siddha) asciende a la cima del universo (Siddhashila) y permanece en un estado de eterna bienaventuranza y perfección.

La responsabilidad individual por las acciones y sus consecuencias kármicas es un principio fundamental de la Teoría del Karma Jainista. En el Jainismo, cada individuo es el único arquitecto de su propio destino, responsable de sus acciones, pensamientos e intenciones, y cosechando los frutos (kármicos) de sus elecciones. No existe un agente externo, como un Dios o una fuerza sobrenatural, que determine el destino del alma. Cada ser es libre para elegir sus acciones y, por lo tanto, es totalmente responsable de las consecuencias kármicas que advienen de esas elecciones. Este énfasis en la responsabilidad individual confiere un gran poder y autonomía al individuo en su viaje espiritual.

Finalmente, el Karma como motor de la reencarnación y del viaje espiritual revela su papel central en la cosmovisión Jainista. La ley del Karma es el mecanismo que impulsa el ciclo de reencarnación (Samsara), manteniendo al alma presa al mundo material hasta que ella se libere del yugo del Karma. Las acciones virtuosas (Punya Karma) generan resultados positivos, como renacimientos en condiciones favorables y experiencias agradables, mientras que las acciones no virtuosas (Papa Karma) generan resultados negativos, como renacimientos en condiciones desfavorables y experiencias dolorosas. El viaje espiritual Jainista es, en esencia, un viaje de purificación kármica, visando a eliminar el Karma negativo acumulado y a evitar la acumulación de nuevo Karma negativo, hasta que el alma se torne completamente libre del yugo kármico y alcance la liberación final (Moksha).

En resumen, la Teoría del Karma en el Jainismo es un sistema complejo y sofisticado que explica la ley de causa y efecto espiritual de forma detallada y abrangente. Al comprender la naturaleza del Karma como sustancia sutil, sus diferentes categorías, los mecanismos de ligadura, fruición, derramamiento y liberación, y la responsabilidad individual por las acciones, el practicante Jainista es capacitado a recorrer el camino espiritual con sabiduría, discernimiento y determinación, buscando la purificación del alma, la superación del sufrimiento y la conquista de la liberación final (Moksha). En el próximo capítulo, exploraremos los conceptos de Jiva y Ajiva, el alma y el no-alma, en la cosmovisión Jainista, profundizando nuestra comprensión de la naturaleza del alma y de su relación con el mundo material, en el contexto de la Teoría del Karma.

Capítulo 9
El Alma y el No-Alma

En el corazón de la cosmovisión Jainista, reside una distinción fundamental que impregna toda su filosofía y práctica: la dicotomía entre Jiva (Alma) y Ajiva (No-Alma). Esta dualidad ontológica, aunque pueda parecer simplista a primera vista, se despliega en una compleja red de conceptos y categorías que dilucidan la naturaleza de la existencia, el origen del sufrimiento y el camino hacia la liberación. Comprender la distinción entre Jiva y Ajiva es esencial para aprehender la visión Jainista del universo, del alma humana y del objetivo último de la vida espiritual.

Jiva, en el Jainismo, se refiere al alma individual, consciente y eterna. Es la entidad viva, sintiente y pensante, que anima a todos los seres vivos, desde los seres humanos hasta los más pequeños microorganismos. La característica fundamental del Jiva es la conciencia (Chetana), la capacidad de conocer, percibir, sentir y experimentar. En el Jainismo, la creencia en la existencia del alma individual y eterna es axiomática, un punto de partida incuestionable para toda su filosofía y práctica.

El alma (Jiva) se describe como inherentemente pura, luminosa y perfecta, poseyendo cualidades intrínsecas como conocimiento infinito (Ananta Jnana), percepción infinita (Ananta Darshana), bienaventuranza infinita (Ananta Sukha) y energía infinita (Ananta Virya). Sin embargo, esta pureza original del alma se encuentra oscurecida y aprisionada por la materia (Ajiva) y por el Karma. El alma, en su estado condicionado, es como una lámpara cubierta de polvo, cuya luz es opacada por las impurezas.

Ajiva, por su parte, abarca las categorías del no-alma, los elementos no-conscientes y no-vivos que constituyen el universo material. Mientras que Jiva representa el principio de la vida y de la conciencia, Ajiva representa el principio de la materia y de la inercia. El Jainismo clasifica Ajiva en cinco sustancias principales:

Pudgala (Materia): Se refiere a toda la materia física, tanto gruesa como sutil, que compone el mundo material. Incluye los cinco elementos clásicos (tierra, agua, fuego, aire y éter), así como los átomos, partículas subatómicas y todas las formas de materia que percibimos a través de los sentidos. Pudgala se caracteriza por la forma, el color, el olor, el sabor y el tacto, y es inherentemente no-consciente e inerte.

Akasha (Espacio): Es la sustancia que proporciona espacio y localización para todos los demás Dravyas (sustancias). Akasha es infinito, ilimitado y omnipresente, permeando todo el universo. Se divide en Lokakasha (Espacio Ocupado), la región del universo donde residen los Jivas y otros Dravyas, y Alokakasha (Espacio Vacío), la región infinita más allá del Lokakasha, que está desprovista de Dravyas.

Kala (Tiempo): Es la sustancia que posibilita el cambio, la duración y la secuencia de los eventos. El tiempo, en el Jainismo, se concibe como cíclico y eterno, dividido en ciclos cósmicos de ascensión y declive (Utsarpini y Avasarpini). Kala se mide en unidades de tiempo infinitesimales (Samaya) y unidades mayores como horas, días, años y eras cósmicas.

Dharma (Principio del Movimiento): No se refiere al Dharma en el sentido de "ley" o "enseñanza", sino a una sustancia única que auxilia el movimiento de los Jivas y Pudgalas. Dharma es omnipresente en el Lokakasha, pero pasivo e inerte en sí mismo. Así como el agua posibilita el movimiento de los peces, Dharma posibilita el movimiento de los Jivas y Pudgalas en el espacio.

Adharma (Principio del Reposo): Similar a Dharma, Adharma no se refiere al "no-Dharma" o "injusticia", sino a una sustancia que auxilia el reposo de los Jivas y Pudgalas. Adharma también es omnipresente en el Lokakasha e inerte en sí mismo. Así como la sombra de un árbol posibilita el reposo de aquellos que buscan abrigo, Adharma posibilita el reposo de los Jivas y Pudgalas en el espacio.

La interacción entre Jiva y Ajiva es el núcleo de la experiencia condicionada y de la ligadura kármica. Aunque Jiva y Ajiva son sustancias distintas y opuestas en naturaleza (conciencia vs. no-conciencia), interactúan continuamente en el mundo material, dando origen al fenómeno de la vida y del sufrimiento. La ligadura kármica (Bandha) ocurre cuando el alma (Jiva) se asocia con la materia (Pudgala) a través de acciones, pensamientos e intenciones impulsadas por pasiones y emociones perturbadoras (Kashayas). Esta interacción resulta en la acumulación de Karma en el alma, oscureciendo su pureza original y aprisionándola en el ciclo de reencarnación.

El proceso de ligadura kármica se compara con la mezcla de leche y agua. Así como el agua se mezcla con la leche y se vuelve difícil separarlos, el Karma se mezcla con el alma, oscureciendo sus cualidades intrínsecas y creando una identidad condicionada. Esta identidad condicionada, impulsada por el Karma, lleva al alma a experimentar el ciclo de nacimiento, muerte y renacimiento, buscando placeres ilusorios en el mundo material y sufriendo las consecuencias de sus acciones kármicas.

La búsqueda de la liberación del Jiva de la influencia del Ajiva es el objetivo central de la práctica Jainista. El camino hacia la liberación (Moksha) involucra la purificación del alma de la influencia de la materia y del Karma, a través de la práctica de la Ahimsa, del ascetismo, de la meditación y de la autodisciplina. Al eliminar gradualmente el Karma acumulado y evitar la acumulación de nuevo Karma, el alma se vuelve progresivamente más pura y luminosa, manifestando sus cualidades intrínsecas de conocimiento, percepción, bienaventuranza y poder infinitos.

La visión Jainista de la interconexión de todos los seres y elementos del universo emerge de la comprensión de la relación entre Jiva y Ajiva. Aunque Jiva y Ajiva son categorías distintas, están interconectados e interdependientes en el contexto de la experiencia condicionada. Todos los seres vivos, poseyendo Jiva, comparten la misma naturaleza fundamental de conciencia y la misma búsqueda de la liberación del sufrimiento. Los elementos del Ajiva, como la materia, el espacio, el tiempo, el movimiento y el reposo, proporcionan el escenario y los medios para la manifestación de la vida y de la experiencia condicionada. Esta visión interconectada promueve un sentido de responsabilidad universal y un profundo respeto por todas las formas de vida y por el medio ambiente.

En resumen, la distinción entre Jiva y Ajiva es un pilar fundamental de la cosmovisión Jainista, elucidando la naturaleza dual de la existencia condicionada. Jiva, el alma consciente y eterna, busca liberarse de la influencia de Ajiva, el mundo material y no-consciente, a través de la purificación kármica. La comprensión de esta dualidad y de la interacción entre Jiva y Ajiva es crucial para recorrer el camino espiritual Jainista, buscando la liberación del ciclo de sufrimiento y la realización de la verdadera naturaleza del alma. En el próximo capítulo, exploraremos en detalle el concepto de Ligadura y Liberación (Moksha), el objetivo final del Jainismo, desvelando el camino para la purificación del alma y la conquista de la bienaventuranza eterna.

Capítulo 10
Conexión y Liberación

En todo el vasto e intrincado tapiz del Jainismo, un hilo dorado reluciente se teje a través de cada doctrina, práctica y precepto: la búsqueda incesante de la Liberación (Moksha). Este estado sublime y trascendental es la cúspide del viaje espiritual Jainista, el objetivo último y supremo hacia el que convergen todos los esfuerzos, aspiraciones y renuncias. Moksha representa la liberación completa y permanente del ciclo de nacimiento, muerte y renacimiento (Samsara), la extinción definitiva de todo sufrimiento y la manifestación plena de la verdadera naturaleza del alma en su pureza y perfección originales. Para comprender la esencia del Jainismo, es imperativo sumergirse en la profundidad del concepto de Moksha, desentrañando el estado de conexión que lo precede, el arduo camino que conduce a él y la bienaventuranza indescriptible que lo caracteriza.

El punto de partida para la comprensión de Moksha es el reconocimiento del estado de conexión (Bandha), la condición en la que el alma (Jiva) se encuentra actualmente, aprisionada por las impurezas kármicas. Como exploramos en el capítulo anterior, el alma, en su naturaleza intrínseca, es pura, luminosa y perfecta. Sin embargo, debido a su interacción con el mundo material (Ajiva) y a la acumulación de Karma, esta pureza original se ve oscurecida y distorsionada. El Bandha representa esta prisión kármica, el estado en el que el alma está ligada al ciclo de Samsara, sujeta al sufrimiento y a la impermanencia.

La conexión kármica no es una imposición externa o un castigo divino, sino una consecuencia autocreada de las propias acciones, pensamientos e intenciones del alma. Impulsada por pasiones y emociones perturbadoras (Kashayas), el alma se involucra en actividades que generan Karma, como un imán que atrae partículas de hierro. Estas partículas kármicas, a su vez, oscurecen las facultades del alma, creando velos de ignorancia, apego, aversión e ilusión, que la mantienen presa al ciclo de Samsara. El Bandha es, por lo tanto, un estado de auto-esclavitud, donde el alma está presa de las cadenas de su propio Karma.

El sufrimiento (Dukha) es la inevitable consecuencia del estado de conexión kármica. En el Jainismo, el sufrimiento es reconocido como una realidad fundamental de la existencia condicionada. No se trata solo del sufrimiento físico o emocional obvio, sino de una insatisfacción existencial profunda, una sensación de incompletitud, impermanencia y falta de paz que impregna todas las experiencias del ciclo de Samsara. Este sufrimiento (Dukha) surge de la propia naturaleza de la existencia condicionada, que se caracteriza por la impermanencia (Anitya), la ausencia de sustancia duradera (Anatma) y la fuente de insatisfacción y dolor (Dukkha).

El sufrimiento (Dukha) como resultado de la conexión kármica se manifiesta de innumerables formas en la vida cotidiana. Desde los dolores físicos y enfermedades, hasta las angustias emocionales y mentales, pasando por las pérdidas, decepciones, frustraciones y la propia inevitabilidad de la vejez, enfermedad y muerte, el sufrimiento impregna todas las etapas de la existencia condicionada. El Jainismo reconoce que el sufrimiento no es solo una experiencia individual, sino una condición universal compartida por todos los seres vivos atrapados en el ciclo de Samsara. Esta comprensión de la universalidad del sufrimiento motiva la búsqueda de la liberación y la compasión por todos los seres que sufren.

El camino de la liberación (Moksha), en el Jainismo, es un recorrido arduo, gradual y multifacético, que implica la purificación del alma de todas las impurezas kármicas y la manifestación de su verdadera naturaleza. Este camino está delineado por las Tres Joyas (Ratnatraya): Visión Correcta, Conocimiento Correcto y Conducta Correcta, y se recorre a través de la práctica rigurosa de los votos Jainistas, el ascetismo, la meditación y la autodisciplina. El objetivo central del camino de la liberación es el derramamiento (Nirjara) de todo el Karma acumulado y la prevención de la acumulación de nuevo Karma.

La purificación del alma en el camino de Moksha implica tanto la eliminación del Karma negativo (Papa Karma) como del Karma positivo (Punya Karma). Aunque el Karma positivo puede generar renacimientos en condiciones más favorables y experiencias más agradables, todavía mantiene al alma atrapada en el ciclo de Samsara e impide la liberación completa. Por lo tanto, el objetivo final no es solo acumular Karma positivo, sino erradicar todo tipo de Karma, tanto el bueno como el malo, para alcanzar el estado de pureza absoluta y liberación.

El estado de liberación (Moksha) se describe como un estado de perfección, bienaventuranza y libertad infinitas. En este estado, el alma se libera completamente del ciclo de reencarnación y de todas las formas de sufrimiento. Moksha no es un lugar físico o un paraíso celestial, sino un estado de ser, una transformación radical de la conciencia, donde el alma manifiesta plenamente sus cualidades intrínsecas de conocimiento infinito, percepción infinita, bienaventuranza infinita y poder infinito. Es un estado de paz, serenidad y alegría inquebrantables, libre de cualquier forma de dolor, sufrimiento o imperfección.

En el estado de Moksha, el alma ya no está sujeta al Karma, ni a la influencia del mundo material (Ajiva). Trasciende las limitaciones del tiempo, el espacio y la causalidad, alcanzando un estado de eternidad, omnisciencia y omnipotencia en su propia naturaleza. El alma liberada (Siddha) reside en un estado de bienaventuranza trascendental, libre de cualquier necesidad o deseo, en perfecta armonía consigo misma y con el universo. Moksha es el estado de realización suprema, el objetivo último del viaje espiritual Jainista, y la promesa de un futuro de paz y libertad para todos los seres.

Las características del Jiva liberado (Siddha) revelan la magnificencia y la plenitud del estado de Moksha. Un Jiva liberado, un Siddha, posee cuatro cualidades infinitas (Ananta Chatushtaya):

Conocimiento Infinito (Ananta Jnana): El Siddha posee conocimiento perfecto y completo de todo lo que existe, pasado, presente y futuro, en todos los universos. Su conocimiento está libre de cualquier oscurecimiento o limitación.

Percepción Infinita (Ananta Darshana): El Siddha posee percepción perfecta e ilimitada de todos los objetos y eventos, en todos los tiempos y lugares. Su percepción es clara, nítida y libre de cualquier distorsión o ilusión.

Bienaventuranza Infinita (Ananta Sukha): El Siddha experimenta una felicidad y una bienaventuranza inquebrantables, que trascienden cualquier placer o alegría mundana. Su bienaventuranza es intrínseca a su propia naturaleza pura y no depende de factores externos.

Energía Infinita (Ananta Virya): El Siddha posee poder y energía ilimitados, aunque no los utiliza para interferir en el mundo material o ejercer control sobre otros seres. Su energía está dirigida a la manutención de su estado de perfección y bienaventuranza.

Además de estas cuatro cualidades infinitas, el Siddha también se describe como poseedor de otras características, como la ausencia de forma física, la inmortalidad, la omnipresencia (en el sentido de no estar limitado por el espacio) y la completa libertad del sufrimiento y la imperfección. Los Siddhas residen en el

Siddhashila, la cima del universo, en un estado de eterna bienaventuranza y contemplación, sirviendo como ejemplos inspiradores para aquellos que aún recorren el camino de la liberación.

En conclusión, Conexión y Liberación (Bandha y Moksha) representan los polos opuestos del viaje espiritual Jainista. Bandha, el estado de aprisionamiento kármico y sufrimiento, es la condición inicial del alma condicionada. Moksha, el estado de liberación completa y bienaventuranza, es el objetivo final y supremo. El camino Jainista, delineado por las Tres Joyas y practicado a través del ascetismo y la autodisciplina, tiene como objetivo la transición de Bandha a Moksha, la purificación del alma y la realización de su potencial máximo. Moksha no es solo una meta distante y abstracta, sino una posibilidad real y tangible, un futuro de paz, libertad y bienaventuranza que aguarda a aquellos que se dedican sinceramente al camino de la liberación Jainista. En el próximo capítulo, exploraremos las prácticas ascéticas y espirituales que constituyen el núcleo del camino hacia Moksha, como el ayuno, la meditación y la autodisciplina, desentrañando los métodos Jainistas para la purificación del alma y la conquista de la liberación.

Capítulo 11
Ascetismo y Práctica Espiritual

En el arduo y recompensador camino del viaje espiritual জৈন, el ascetismo emerge como una herramienta esencial, un conjunto de prácticas rigurosas y transformadoras destinadas a purificar el alma de las impurezas kármicas e impulsar al practicante hacia la liberación (Moksha). El ascetismo, conocido en jainismo como Tapas, no se concibe como un sufrimiento autoinfligido o una forma de autocastigo, sino como un método estratégico y consciente para debilitar el dominio del Karma sobre el alma, fortalecer la autodisciplina y cultivar las cualidades espirituales intrínsecas. A través de diversas formas de prácticas ascéticas, como el ayuno, la meditación y la autodisciplina, el jainista busca refinar la mente, controlar los sentidos y recorrer el camino de la purificación kármica con determinación y propósito.

El papel del ascetismo (Tapas) en la purificación kármica es central para la práctica jainista. Como exploramos en los capítulos anteriores, el Karma se concibe como una sustancia sutil que se adhiere al alma y la mantiene atrapada en el ciclo de reencarnación. El ascetismo actúa como un fuego purificador, capaz de "quemar" o "disolver" el Karma acumulado, liberando al alma de su peso y oscurecimiento. La práctica ascética, cuando se realiza con la intención correcta y bajo la orientación adecuada, genera un proceso de Nirjara (derramamiento), acelerando la eliminación del Karma y facilitando el progreso espiritual.

Existen diferentes formas de ascetismo en el jainismo, abarcando tanto prácticas físicas como mentales, adaptadas a las capacidades y al camino de cada practicante. Algunas de las formas más comunes de ascetismo jainista incluyen:

Ayuno (Anasana): El ayuno es una práctica ascética fundamental en el jainismo, practicada en diversas formas y duraciones. Puede variar desde el ayuno completo de alimentos y agua por un período determinado (a veces varios días), hasta formas más moderadas, como el ayuno de ciertos tipos de alimentos, la restricción de la cantidad de comida o la práctica de comer solo una vez al día. El ayuno tiene como objetivo purificar el cuerpo, reducir los deseos sensoriales, fortalecer la autodisciplina y generar mérito espiritual.

Restricción Alimentaria (Unodarika): Además del ayuno completo, el jainismo también enfatiza la importancia de la moderación y de la restricción en la alimentación en general. Esto incluye evitar comer en exceso, consumir alimentos lujosos o indulgentes, y practicar el vegetarianismo riguroso, evitando alimentos que involucren violencia o sufrimiento animal. La restricción alimentaria tiene como objetivo controlar los deseos del paladar, cultivar el contentamiento y evitar el apego a los placeres sensoriales.

Silencio (Mauna): La práctica del silencio, o Mauna, es otra forma importante de ascetismo jainista. Puede involucrar el silencio verbal completo por un período determinado, o la restricción del habla a solo lo esencial, evitando conversaciones ociosas, fútiles o perjudiciales. El silencio tiene como objetivo calmar la mente, reducir la dispersión mental, cultivar la introspección y evitar el Karma negativo generado por el habla descuidada o violenta.

Meditación (Dhyana): La meditación es una práctica central en el jainismo, tanto como forma de ascetismo como medio para alcanzar la autoconciencia y la liberación. La práctica de la meditación (Dhyana) para calmar la mente y alcanzar la autoconciencia es multifacética y abarca diversas técnicas y métodos, que exploraremos en mayor detalle a continuación.

Autodisciplina (Samyama): La autodisciplina, o Samyama, impregna todas las formas de ascetismo jainista y es un principio fundamental en sí mismo. Se refiere al control de los sentidos, de la mente y de las pasiones, a través de la práctica de la vigilancia constante, de la moderación y de la autosuficiencia. La autodisciplina tiene como objetivo fortalecer la voluntad, superar los hábitos negativos, cultivar virtudes y dirigir la energía hacia la práctica espiritual.

La práctica de la meditación (Dhyana) ocupa un lugar destacado en el ascetismo jainista y se considera un medio esencial para la purificación de la mente, el desarrollo de la autoconciencia y la conquista de la liberación. La meditación jainista no se limita a una única técnica o método, sino que abarca una variedad de prácticas contemplativas, que tienen como objetivo calmar la mente agitada, enfocar la atención, cultivar la concentración y alcanzar estados de conciencia más profundos.

Una forma importante de meditación jainista es la Samayika, la práctica diaria de meditación e introspección, recomendada tanto para monjes y monjas como para laicos y laicas. La Samayika generalmente involucra un período de tiempo fijo (por ejemplo, 48 minutos), durante el cual el practicante se retira a un lugar tranquilo, asume una postura meditativa y enfoca la mente en un objeto de meditación, como la respiración, las enseñanzas jainistas o la naturaleza del alma. La Samayika tiene como objetivo cultivar la presencia mental, reducir la dispersión mental y fortalecer la conexión con el Dharma.

Otra práctica meditativa jainista importante es el Pratikramana, el ritual diario de arrepentimiento y confesión de las transgresiones éticas y morales cometidas a lo largo del día. El Pratikramana involucra la reflexión sobre las acciones, palabras y pensamientos del día, el reconocimiento de las fallas, el arrepentimiento sincero y el compromiso de evitar repetirlas en el futuro. El Pratikramana tiene como objetivo purificar la mente de las impurezas morales, fortalecer la conciencia ética y cultivar la autotransformación.

El jainismo también enfatiza la práctica del Dhyana en sus sentidos más profundos, como formas avanzadas de meditación que tienen como objetivo alcanzar estados de conciencia superiores y la experiencia directa de la naturaleza del alma. Estas formas de Dhyana pueden involucrar técnicas de concentración intensa, visualización, contemplación y autoindagación, buscando trascender la mente dualista, superar el apego al ego y realizar la unión con la conciencia pura e infinita.

La importancia de la autodisciplina (Samyama) para controlar los sentidos y las pasiones es un tema recurrente en el ascetismo jainista. Se cree que los sentidos y las pasiones son las principales fuentes de apego al mundo material y de acumulación de Karma. La autodisciplina (Samyama) es el antídoto para esa tendencia, capacitando al practicante a dominar los impulsos sensoriales, controlar las emociones perturbadoras y dirigir la energía hacia la práctica espiritual. La autodisciplina abarca todos los aspectos de la vida, desde la alimentación y el sueño hasta el habla, el comportamiento y las relaciones. Es un proceso continuo de vigilancia, esfuerzo y autotransformación, con el objetivo de refinar la mente, fortalecer la voluntad y cultivar la libertad interior.

Finalmente, el jainismo reconoce la importancia de encontrar un equilibrio entre el ascetismo y la vida cotidiana para laicos y laicas. Mientras que los monjes y monjas jainistas se dedican integralmente a la práctica ascética radical, los laicos y laicas, que viven en el mundo y tienen responsabilidades familiares y profesionales, son alentados a practicar el ascetismo de forma adaptada a su contexto de vida. Los Anuvratas (votos menores) ofrecen una guía práctica para la ética jainista en la vida laica, incentivando la práctica de la no violencia, de la verdad, de la no codicia, de la castidad y de la no posesividad dentro de las posibilidades y limitaciones de la vida cotidiana. Además, los laicos y laicas son alentados a practicar el ayuno periódico, la meditación diaria, el estudio de las escrituras y otras prácticas ascéticas que puedan integrar en sus rutinas, buscando el progreso espiritual gradual y constante. El jainismo valora tanto el camino ascético radical de los monjes y monjas como el camino ascético adaptado de los laicos y laicas, reconociendo que ambos pueden conducir a la purificación del alma y a la liberación, dependiendo de la sinceridad, del esfuerzo y de la intención del practicante.

En resumen, el ascetismo y la práctica espiritual son elementos intrínsecos e indispensables del jainismo. A través del Tapas, el practicante jainista busca purificar el alma, eliminar el Karma, fortalecer la autodisciplina y cultivar las cualidades espirituales necesarias para la liberación. El ayuno, la restricción alimentaria, el silencio, la meditación y la autodisciplina son algunas de las herramientas ascéticas utilizadas para refinar la mente, controlar los sentidos y recorrer el camino de la purificación kármica. El jainismo ofrece un camino ascético amplio y flexible, adaptado tanto para monjes y monjas como para laicos y laicas, invitando a todos a embarcarse en el viaje de la autotransformación y de la búsqueda de la paz interior y liberación espiritual. En el próximo capítulo, exploraremos los Catorce Estadios de Desarrollo Espiritual (Gunasthanas), el mapa del viaje espiritual jainista, que describe los diferentes niveles de purificación y progreso rumbo a la liberación, proporcionando una guía detallada para la práctica ascética y espiritual.

Capítulo 12
El Camino de la Purificación

Para guiar al practicante en la intrincada jornada de la purificación espiritual, el Jainismo ofrece un mapa detallado y completo: las Catorce Etapas de Desarrollo Espiritual, conocidas como Gunasthanas. Estas etapas representan una progresión gradual y ascendente en la jornada del alma hacia la liberación (Moksha), delineando los diferentes niveles de pureza, conocimiento y conducta moral que el practicante puede alcanzar a lo largo del camino ascético. Los Gunasthanas no son meras categorías descriptivas, sino una guía práctica y dinámica, que ayuda al Jainista a comprender su propio estado espiritual, a identificar los obstáculos a ser superados y a dirigir sus esfuerzos hacia el avance rumbo a la meta final. Explorar los Catorce Gunasthanas es como desvelar una detallada hoja de ruta de la jornada del alma, revelando los desafíos, los logros y las transformaciones que marcan el camino de la purificación Jainista.

Los Gunasthanas, como un mapa de la jornada espiritual Jainista, proporcionan una estructura valiosa para la autocomprensión y el progreso espiritual. La palabra "Gunasthana" puede ser traducida como "lugar de las cualidades" o "etapa de virtudes", indicando que cada etapa representa un nivel específico de desarrollo de las cualidades espirituales y una disminución correspondiente de las impurezas kármicas. Los Catorce Gunasthanas se disponen en una secuencia ascendente, del primero al decimocuarto, reflejando un progreso lineal en la jornada del alma hacia la liberación. Aunque la progresión por los Gunasthanas no siempre es continua y lineal, el mapa ofrece una referencia clara para evaluar el propio estado espiritual y dirigir la práctica.

Las etapas iniciales de ignorancia y engaño (Mithyatva Gunasthanas) comprenden los primeros cuatro Gunasthanas, caracterizados por una visión distorsionada de la realidad, la falta de fe en los principios Jainistas y la predominancia de las pasiones y emociones perturbadoras. Estas etapas representan la condición espiritual de la mayoría de los seres humanos comunes, que viven inmersos en la ignorancia, en el apego al mundo material y en el ciclo de sufrimiento.

Primer Gunasthana: Mithyatva (Falsedad): Esta es la etapa más baja, caracterizada por la completa ignorancia de la verdad Jainista y por la creencia en visiones distorsionadas de la realidad. El individuo en esta etapa no posee Visión Correcta (Samyak Darshana), no comprende la naturaleza del alma, del Karma, de la liberación o del camino Jainista. Está completamente inmerso en el mundo material, buscando placeres sensoriales y viviendo bajo el dominio de las pasiones y emociones perturbadoras.

Segundo Gunasthana: Sasadana (Degradación): Esta etapa representa un breve lapso en la Visión

Correcta para aquellos que ya la habían alcanzado. El individuo en esta etapa experimenta una caída temporal de su fe y conocimiento Jainista, generalmente debido a la influencia de pasiones intensas o circunstancias desfavorables. Sin embargo, esta etapa es transitoria y el individuo generalmente retorna a la Visión Correcta en breve.

Tercer Gunasthana: Mishra (Mixto): En esta etapa, el individuo experimenta una mezcla de Visión Correcta y visión distorsionada. Hay un despertar inicial hacia la verdad Jainista, pero aún persiste una dosis de duda, confusión y apego a creencias no Jainistas. El individuo puede tener momentos de claridad y fe, seguidos por momentos de duda y hesitación.

Cuarto Gunasthana: Avirata Samyaktva (Visión Correcta con votos menores): Esta etapa marca el inicio de la verdadera jornada espiritual Jainista, con el despertar de la Visión Correcta (Samyak Darshana). El individuo en esta etapa adquiere una fe firme en los principios Jainistas, comprende la naturaleza del alma, del Karma y de la liberación, y aspira a seguir el camino Jainista. Aunque aún no ha renunciado completamente a la vida mundana y no practica los Grandes Votos, él adopta los Anuvratas (votos menores) para laicos y laicas, comenzando a refinar su conducta ética y moral.

Las etapas intermedias de despertar y progreso moral (Avirati y Virati Gunasthanas) comprenden los Gunasthanas del quinto al décimo, marcando un avance significativo en la jornada espiritual, con el desarrollo de la conducta ética y moral y la práctica de la autodisciplina y del ascetismo. En estas etapas, el individuo se esfuerza por purificar su mente, controlar sus sentidos y avanzar hacia la erradicación completa del Karma.

Quinto Gunasthana: Deshavirati (Votos parciales): Esta etapa representa el inicio del monasticismo para aquellos que dan el paso de renunciar a la vida laica e ingresar en la comunidad monástica Jainista. El individuo en esta etapa adopta los Mahavratas (Grandes Votos), pero solo parcialmente, no en su forma más completa y rigurosa. Aún hay ciertas debilidades e imperfecciones en su práctica, pero hay un compromiso sincero con el camino ascético.

Sexto Gunasthana: Pramatta Virati (Votos perfectos con negligencia): En esta etapa, el monje o monja practica los Mahavratas de forma completa y rigurosa, pero aún ocasionalmente experimenta lapsos de negligencia o descuido. Las pasiones y emociones perturbadoras aún pueden surgir ocasionalmente, llevando a pequeñas transgresiones de los votos. Sin embargo, hay un esfuerzo constante para mantener la conducta ética y moral y progresar en la práctica ascética.

Séptimo Gunasthana: Apramatta Virati (Votos perfectos sin negligencia): Esta etapa marca un avance significativo en la autodisciplina y en el control mental. El monje o monja practica los Mahavratas de forma perfecta y vigilante, sin negligencia o descuido. Las pasiones y emociones perturbadoras son grandemente debilitadas y la mente se torna más calma y enfocada en la práctica espiritual.

Octavo Gunasthana: Apoorva Karana (Nuevo Pensamiento): En esta etapa, el monje o monja inicia un proceso de purificación kármica intensa y sin precedentes. Un nuevo tipo de pensamiento e intención surge, enfocado exclusivamente en la erradicación del Karma y en la búsqueda por la liberación. Hay un aumento significativo en la energía espiritual y en la determinación ascética.

Noveno Gunasthana: Anivrutti Karana (Pensamiento Inmutable): En esta etapa, la intención de erradicar el Karma se torna aún más fuerte y estable. La mente se torna casi completamente libre de distracciones y pasiones, enfocada exclusivamente en la práctica espiritual y en la búsqueda por la liberación. El progreso en la purificación kármica se acelera significativamente.

Décimo Gunasthana: Sukshma Samparaya (Pasión Sutil): En esta etapa, casi todas las pasiones y emociones perturbadoras fueron erradicadas, excepto la pasión más sutil y tenue: el apego tenue. Esta pasión residual es extremadamente difícil de detectar y eliminar, pero aún impide la liberación completa. El monje o monja en esta etapa está muy cerca de la meta final, pero aún necesita superar este último obstáculo.

Las etapas avanzadas de purificación y erradicación del Karma (Kshapak y Upashamak Shreni) comprenden los Gunasthanas del undécimo al decimotercero, representando el ápice de la jornada ascética, con la erradicación completa de las pasiones y la conquista del conocimiento perfecto y de la liberación. Estas etapas son accesibles solo a seres humanos excepcionales, que han alcanzado un nivel de pureza y autodisciplina extraordinarios.

Undécimo Gunasthana: Upashanta Moha (Pasión Suprimida): En esta etapa, todas las pasiones y emociones perturbadoras, incluyendo el apego tenue, son temporalmente suprimidas o subyugadas. La mente se torna completamente calma y pacífica, experimentando una bienaventuranza profunda y serena. Sin embargo, este estado de supresión no es permanente y las pasiones pueden resurgir, llevando a una caída para una etapa inferior.

Duodécimo Gunasthana: Kshina Moha (Pasión Erradicada): En esta etapa, todas las pasiones y emociones perturbadoras, incluyendo el apego tenue, son completamente erradicadas y eliminadas para siempre. La mente se torna absolutamente pura y transparente, libre de cualquier oscurecimiento o perturbación. El individuo en esta etapa alcanza el Kevala Jnana (Conocimiento Perfecto), la iluminación suprema, tornándose un Tirthankara o un ser iluminado.

Decimotercer Gunasthana: Sayoga Kevali (Kevali con actividad): Esta es la etapa de los Jinas o Tirthankaras iluminados, que han alcanzado el Kevala Jnana, pero aún permanecen en forma física, enseñando el Dharma y guiando a otros seres en el camino de la liberación. Ellos poseen conocimiento perfecto, percepción perfecta, bienaventuranza perfecta y poder perfecto, pero aún están sujetos a ciertas actividades físicas y mentales, como respirar, comer y predicar.

La etapa final de liberación completa (Siddha Gunasthana) es el Decimocuarto Gunasthana:

Decimocuarto Gunasthana: Ayoga Kevali (Kevali sin actividad): Esta es la última etapa de la existencia física, alcanzada por los Tirthankaras y otros seres iluminados poco antes de su muerte física. En esta etapa, todas las actividades físicas y mentales cesan completamente, incluyendo la respiración y el pensamiento. El individuo se torna totalmente absorto en la bienaventuranza del Nirvana, preparándose para la liberación final y permanente. Después de la muerte física en esta etapa, el alma se libera completamente del cuerpo y del ciclo de reencarnación, alcanzando el Moksha (Liberación), el estado de perfección y bienaventuranza eternos, tornándose un Siddha, un ser liberado.

La importancia de comprender los Gunasthanas para el autoperfeccionamiento espiritual reside en su valor como una guía práctica para la jornada de la purificación del alma. Al estudiar y contemplar los Gunasthanas, el practicante Jainista puede:

Evaluar su propio estado espiritual: Identificar en cuál etapa del desarrollo espiritual se encuentra, reconociendo sus puntos fuertes y débiles, sus logros y desafíos.

Identificar los obstáculos a ser superados: Comprender cuáles pasiones, impurezas kármicas y hábitos negativos necesitan ser combatidos y transformados para avanzar hacia la próxima etapa.

Dirigir la práctica espiritual: Adaptar sus prácticas ascéticas y espirituales a las necesidades específicas de su etapa actual, enfocando en los aspectos de la conducta ética, de la meditación, de la autodisciplina y del conocimiento que son más relevantes para su progreso.

Cultivar la motivación y la esperanza: Visualizar la progresión a través de los Gunasthanas como un camino real y alcanzable rumbo a la liberación, fortaleciendo la fe, la determinación y la perseverancia en la práctica espiritual.

Los Catorce Gunasthanas, por lo tanto, no son solo una teoría filosófica abstracta, sino un mapa práctico e inspirador para la jornada espiritual Jainista. Ellos ofrecen una hoja de ruta detallada para la purificación del alma, la superación del sufrimiento y la conquista de la liberación final (Moksha), invitando a cada practicante a embarcarse en esta jornada transformadora con sabiduría, discernimiento y esperanza. En los próximos capítulos, exploraremos las prácticas y el estilo de vida Jainista, desvelando cómo los principios y las etapas de desarrollo espiritual se manifiestan en la vida cotidiana de los practicantes Jainistas, tanto monjes y monjas como laicos y laicas.

Capítulo 13
Monacato Jainista

En el multifacético panorama del Jainismo, el monacato emerge como una institución central y venerada, representando el ideal máximo de la práctica espiritual y el camino más directo y dedicado hacia la liberación (Moksha). La comunidad monástica Jainista, compuesta por monjes (Sadhu) y monjas (Sadhvi), es la columna vertebral de la tradición, la guardiana de las enseñanzas, la personificación de los valores ascéticos y el faro que guía a los laicos y laicas en el viaje espiritual. Dentro de este ideal monástico, sin embargo, han florecido a lo largo de la historia diferentes interpretaciones y prácticas, culminando en la formación de las dos principales sectas del Jainismo: Digambara y Svetambara. Comprender los matices y distinciones entre estas dos tradiciones monásticas es fundamental para apreciar la riqueza y complejidad del Jainismo en su totalidad.

Las dos principales sectas del Jainismo, Digambara (vestidos de cielo) y Svetambara (vestidos de blanco), representan las mayores divisiones dentro de la tradición Jainista, divergiendo en ciertos aspectos de doctrina, práctica ascética y escrituras. La división entre las dos sectas se atribuye tradicionalmente a eventos históricos que ocurrieron algunos siglos después de la muerte de Mahavira, relacionados con cuestiones de práctica monástica e interpretación de las enseñanzas. Aunque comparten los principios fundamentales del Jainismo, como Ahimsa, Karma, Moksha y la reverencia a los Tirthankaras, Digambaras y Svetambaras desarrollaron tradiciones monásticas distintas, reflejando diferentes énfasis y enfoques para la práctica ascética y el viaje espiritual.

Las diferencias y similitudes en las prácticas monásticas de las dos sectas son notables y reveladoras de los matices dentro del Jainismo. Las distinciones más visibles y frecuentemente mencionadas residen en las prácticas relacionadas con la vestimenta, la posesión de bienes materiales, las prácticas alimentarias y las visiones sobre la posibilidad de que las mujeres alcancen la liberación.

La ropa, o la ausencia de ella, es quizás la diferencia más emblemática entre las dos sectas. Los monjes Digambara, fieles a su designación "vestidos de cielo", practican el ascetismo de la desnudez. Renuncian completamente a todas las vestimentas, permaneciendo desnudos como un símbolo de desapego total del mundo material y de pureza ascética radical. Esta práctica se considera la forma más elevada de no posesividad y autodisciplina, representando un desafío extremo a las comodidades y convenciones sociales. Las monjas Digambara, por razones de pudor social, utilizan un sari simple y sin costura, pero mantienen el principio de la máxima no posesividad en relación con la vestimenta.

Los monjes y monjas Svetambara, por otro lado, siguen la tradición de usar vestimentas blancas y sin costura, de ahí el nombre "vestidos de blanco". Usan vestimentas simples, generalmente dos o tres piezas de tela blanca, como un taparrabos, una túnica y una tela para cubrir la boca (Muhapatti), que se usa para evitar dañar pequeños organismos en el aire al hablar. Para los Svetambara, el uso de vestimentas blancas se considera compatible con el ascetismo, proporcionando modestia y protección contra los elementos, sin comprometer el principio de la no posesividad esencial.

En relación con la posesión de bienes materiales, ambas sectas enfatizan la importancia de la no posesividad (Aparigraha) como un voto fundamental para monjes y monjas. Sin embargo, la interpretación y la aplicación de este voto difieren entre Digambaras y Svetambaras. Los monjes Digambara llevan la no posesividad al extremo, poseyendo solo los ítems absolutamente esenciales para la práctica ascética, como un recipiente de agua, un plumero de plumas de pavo real (Pinchi) para remover pequeños seres vivos del camino y las escrituras. Tradicionalmente no poseen cuencos de mendicidad, comiendo la comida que reciben directamente en las manos.

Los monjes y monjas Svetambara, aunque también practican la no posesividad, permiten una posesión ligeramente mayor de bienes materiales, considerados necesarios para la vida monástica y el estudio de las escrituras. Además de las vestimentas blancas, generalmente poseen un cuenco de mendicidad, un bastón de caminata, una manta y copias de las escrituras sagradas. Para los Svetambara, el foco principal de la no posesividad reside en el desapego mental y emocional a los bienes materiales, más que en la privación física absoluta.

Las prácticas alimentarias y de mendicidad también revelan distinciones entre las dos sectas. Tanto Digambaras como Svetambaras practican la mendicidad (Gochari) como forma de obtener alimento, dependiendo de la caridad de los laicos y laicas para sustentar sus vidas ascéticas. Sin embargo, los monjes Digambara siguen una práctica de mendicidad más restringida, tradicionalmente aceptando alimento solo una vez al día, y solo con las manos, sin usar cuencos o recipientes. También evitan comer de pie o en movimiento, y tradicionalmente no aceptan comida preparada para ellos, sino solo sobras no solicitadas.

Los monjes y monjas Svetambara siguen una práctica de mendicidad más flexible, aceptando alimento en cuencos de mendicidad, y pueden hacer varias rondas de mendicidad al día, si es necesario. También pueden aceptar comida preparada para ellos, siempre que sea vegetariana y preparada de acuerdo con los principios Jainistas de no violencia. Ambas sectas enfatizan la importancia de recibir alimento con desapego y gratitud, como una necesidad para sustentar el cuerpo y permitir la práctica espiritual, y no como una fuente de placer o indulgencia.

Las visiones sobre mujeres y liberación representan otra diferencia doctrinal significativa entre Digambaras y Svetambaras. La tradición Digambara sostiene que las mujeres no pueden alcanzar la liberación (Moksha) en forma femenina. De acuerdo con esta visión, la forma femenina se considera inherentemente menos propicia para la práctica ascética radical y la erradicación completa del Karma, debido a las diferencias biológicas y sociales entre hombres y mujeres. Para alcanzar la liberación, una mujer Digambara debe renacer como hombre en una vida futura, para entonces practicar el ascetismo radical y alcanzar el Moksha. En el monacato Digambara, por lo tanto, solo los hombres pueden convertirse en monjes completamente desnudos, mientras que las monjas siguen un camino ascético menos radical, con el objetivo final de renacer como hombres para alcanzar la liberación.

La tradición Svetambara, por otro lado, no impone restricciones de género para la liberación. Los Svetambara creen que las mujeres son espiritualmente iguales a los hombres y poseen la misma capacidad de practicar el ascetismo, purificar el alma y alcanzar el Moksha en forma femenina. La historia Jainista Svetambara relata ejemplos de monjas iluminadas (Sadhvis) que alcanzaron la liberación en forma femenina, como Mallinatha, el 19º Tirthankara, que la tradición Svetambara cree que fue mujer. En el monacato Svetambara, tanto hombres como mujeres pueden convertirse en monjes y monjas, buscando la liberación a través de la práctica ascética, sin la necesidad de renacer en una forma masculina.

Finalmente, las escrituras y cánones también divergen entre Digambaras y Svetambaras, como se mencionó en el Capítulo 4. Los Svetambaras aceptan un canon Agama completo de 45 textos, que creen que preservan las enseñanzas originales de Mahavira. Los Digambaras, por su parte, creen que los Agamas originales se perdieron, y que los textos actualmente disponibles son de autoridad secundaria. Esta divergencia en los cánones escriturísticos refleja las diferentes historias y tradiciones de transmisión oral y escrita que se desarrollaron en las dos sectas a lo largo del tiempo.

A pesar de estas diferencias significativas, es importante resaltar que las similitudes todavía ligan a Digambaras y Svetambaras dentro del Dharma Jainista. Ambas sectas comparten los principios fundamentales del Jainismo, como las Tres Joyas, los Cinco Grandes Votos (Mahavratas), la Teoría del Karma, la búsqueda de la liberación (Moksha) y la reverencia a los Tirthankaras. Ambas tradiciones monásticas se dedican a la práctica de Ahimsa, del ascetismo, de la meditación y de la autodisciplina, buscando la purificación del alma y el progreso espiritual. Las diferencias entre ellas pueden ser vistas como variaciones dentro de un mismo tema central, diferentes enfoques para la práctica ascética y el viaje espiritual, manteniendo la esencia del Dharma Jainista.

En ambas tradiciones, el ideal del ascetismo radical permanece central para la búsqueda de la liberación espiritual. Tanto Digambaras como Svetambaras consideran la vida monástica como el camino más elevado y directo para el Moksha, enfatizando la importancia de la renuncia, de la autodisciplina y de la purificación kármica. Las diferencias en sus prácticas ascéticas pueden ser interpretadas como diferentes grados de énfasis en ciertos aspectos del ascetismo, pero el objetivo final permanece el mismo: la liberación del ciclo de sufrimiento y la realización de la verdadera naturaleza del alma.

En conclusión, el monacato Jainista, con sus diversas manifestaciones en las tradiciones Digambara y Svetambara, representa un pilar fundamental de la tradición Jainista. Las diferencias entre estas dos sectas, aunque visibles en prácticas como vestimenta, posesión de bienes, alimentación y visiones sobre mujeres, no oscurecen la unidad esencial del Dharma Jainista, que reside en la búsqueda de la liberación a través de la práctica ascética y la purificación del alma. Tanto Digambaras como Svetambaras ofrecen caminos válidos e inspiradores para el viaje espiritual, invitando a los practicantes a trascender el mundo material, cultivar la no violencia y seguir el camino hacia la paz interior y la liberación final. En el próximo capítulo, exploraremos las prácticas Jainistas específicas para laicos y laicas, desvelando cómo los principios y valores Jainistas pueden ser vividos y practicados en el contexto de la vida cotidiana, fuera del ambiente monástico.

Capítulo 14
Prácticas Jainistas para Laicos y Laicas

Mientras que el monasticismo jainista representa el ideal máximo de renuncia y práctica ascética, el jainismo también ofrece un camino valioso y accesible para laicos y laicas, aquellos que viven en el mundo y mantienen responsabilidades familiares y profesionales. Reconociendo que no todos son llamados o capaces de seguir el rigor del monasticismo, el jainismo proporciona un conjunto de prácticas y directrices éticas adaptadas a la vida laica, permitiendo que los laicos y laicas vivan los principios jainistas en su cotidiano, buscando el progreso espiritual gradual y la vida virtuosa en el seno de la sociedad. En el centro de estas prácticas para laicos y laicas se encuentran los Anuvratas (votos menores), una versión mitigada de los Grandes Votos monásticos, y un conjunto de directrices éticas adicionales que orientan la conducta moral, social y religiosa de los practicantes jainistas en la vida laica.

Los Anuvratas (votos menores) representan la adaptación de los Mahavratas (Grandes Votos) para el contexto de la vida laica, ofreciendo una guía práctica para la ética jainista en el cotidiano. Así como los Mahavratas son los votos fundamentales para monjes y monjas, los Anuvratas son los votos esenciales para laicos y laicas, permitiendo que ellos vivan los principios jainistas de forma realista y sostenible en sus vidas diarias. Los Anuvratas son cinco, correspondiendo a los Cinco Grandes Votos monásticos, pero con un nivel de rigor atenuado, adecuado a las capacidades y responsabilidades de la vida laica:

Ahimsa Anuvrata (No Violencia Menor): Así como el Mahavrata de Ahimsa exige la no violencia absoluta en pensamiento, palabra y acción para los monjes y monjas, el Anuvrata de Ahimsa para laicos y laicas exige el compromiso de evitar la violencia intencional e innecesaria en todas sus formas. Aunque laicos y laicas puedan no ser capaces de evitar completamente la violencia inherente a la vida cotidiana (por ejemplo, en profesiones, en la alimentación), ellos se comprometen a minimizar al máximo la violencia en sus acciones, evitando perjudicar intencionalmente a otros seres vivos, cultivando la compasión y el respeto por toda la vida. El Anuvrata de Ahimsa para laicos y laicas también se manifiesta en la práctica del vegetarianismo, como forma de reducir la participación en la violencia contra animales.

Satya Anuvrata (Verdad Menor): El Mahavrata de Satya exige la veracidad absoluta de los monjes y monjas. El Anuvrata de Satya para laicos y laicas exige el compromiso de evitar la mentira grosera e intencional, y de decir la verdad de la mejor forma posible, de manera gentil y benéfica. Aunque laicos y laicas puedan ocasionalmente encontrarse con situaciones en que la "verdad" necesita ser mitigada por razones de cortesía o para evitar daños mayores, el

Anuvrata de Satya los anima a priorizar la honestidad y la integridad en su comunicación, evitando el engaño, la difamación y el lenguaje perjudicial.

Asteya Anuvrata (No Robar Menor): El Mahavrata de Asteya exige la abstención completa de robar para los monjes y monjas. El Anuvrata de Asteya para laicos y laicas exige el compromiso de evitar el robo, el fraude y la apropiación indebida de bienes materiales o intelectuales que no les pertenecen por derecho. Laicos y laicas son animados a ser honestos en sus negocios, a pagar sus impuestos, a respetar la propiedad ajena y a evitar cualquier forma de explotación o ganancia ilícita.

Brahmacharya Anuvrata (Castidad Menor): El Mahavrata de Brahmacharya exige el celibato absoluto para monjes y monjas. El Anuvrata de Brahmacharya para laicos y laicas exige el compromiso de fidelidad conyugal y moderación en la actividad sexual. Laicos y laicas son animados a ser fieles a sus parejas, a evitar el adulterio y a practicar la moderación en los placeres sensuales, direccionando parte de su energía a la práctica espiritual y el desarrollo interior. Para los solteros, el Anuvrata de Brahmacharya puede significar la abstinencia sexual o la práctica de la castidad en diferentes grados, dependiendo de sus capacidades y aspiraciones.

Aparigraha Anuvrata (No Posesividad Menor): El Mahavrata de Aparigraha exige el desapego completo de bienes materiales para monjes y monjas. El Anuvrata de Aparigraha para laicos y laicas exige el compromiso de limitar la posesividad y el apego a los bienes materiales, practicando la generosidad y el contentamiento. Laicos y laicas son animados a evitar la codicia, el consumismo excesivo y la acumulación innecesaria de riquezas. Son incentivados a compartir sus recursos con los necesitados, a practicar la caridad y a vivir con simplicidad y contentamiento, reconociendo que la verdadera felicidad no reside en las posesiones materiales, sino en la paz interior y en la pureza del alma.

Además de los Anuvratas, existen directrices éticas adicionales para laicos y laicas que complementan los votos menores y ofrecen una guía más detallada para la vida jainista en el cotidiano. Estas directrices incluyen prácticas como:

Diksha (Votos Adicionales): Laicos y laicas pueden optar por tomar votos adicionales (Diksha) además de los Anuvratas, para fortalecer su práctica espiritual y profundizar su compromiso con el Dharma jainista. Estos votos adicionales pueden incluir restricciones alimentarias más rigurosas (como evitar ciertos alimentos o practicar ayunos más largos), la práctica regular de la meditación (Samayika), el estudio de las escrituras (Agama Adhyayana), la visita a templos jainistas (Derasar) y otras prácticas ascéticas y devocionales.

Samayika (Meditación Diaria): La práctica de la meditación diaria (Samayika) es fuertemente alentada para laicos y laicas jainistas. Reservar un tiempo diario para la meditación, incluso por un período corto, ayuda a calmar la mente, a cultivar la autoconciencia y a fortalecer la conexión con el Dharma. La meditación puede ser practicada en diferentes formas, como la concentración en la respiración, la contemplación de las enseñanzas jainistas, la recitación de mantras o la práctica de la quietud mental.

Proshadhopavas (Ayuno Periódico): La práctica del ayuno periódico (Proshadhopavas), generalmente una o dos veces por mes, es otra directriz ética importante para laicos y laicas jainistas. El ayuno periódico, incluso por un día o medio día, ayuda a purificar el cuerpo y la mente, a fortalecer la autodisciplina y a generar mérito espiritual. Laicos y laicas pueden adaptar la práctica del ayuno a sus capacidades y condiciones de salud, eligiendo la forma y la duración del ayuno que mejor se adapte a sus necesidades.

Atithi-Samvibhag (Compartir con Ascetas): La práctica de Atithi-Samvibhag, que significa "compartir con los huéspedes ascetas", es una directriz ética que enfatiza la importancia de apoyar a la comunidad monástica jainista a través de la donación de alimento, vestimenta y abrigo. Laicos y laicas son animados a ofrecer hospitalidad y sustento a los monjes y monjas jainistas, reconociendo el valor de su camino ascético y la importancia de preservar la tradición monástica. Esta práctica también busca cultivar la generosidad y el desapego en los laicos y laicas, al compartir sus recursos con aquellos que han renunciado al mundo material.

Participación en Rituales y Festivales Jainistas: Laicos y laicas son animados a participar activamente en los rituales y festivales jainistas realizados en templos (Derasar) o en comunidades jainistas. La participación en rituales como Puja (adoración), Aarti (ofrenda de luz) y festivales como Mahavir Jayanti (aniversario de Mahavira) y Paryushan Parva (festival del perdón) fortalece la conexión con la comunidad jainista, nutre la fe y la devoción, y proporciona oportunidades para la práctica espiritual en grupo.

El papel del laico y de la laica en el sostenimiento de la Sangha y en la práctica del Dharma es crucial para la vitalidad y continuidad de la tradición jainista. Mientras monjes y monjas se dedican integralmente a la práctica ascética y a la preservación de las enseñanzas, laicos y laicas desempeñan un papel fundamental en el sustento material y social de la Sangha, ofreciendo apoyo financiero, alimento, vestimenta y abrigo a los ascetas, y creando un ambiente social propicio para la práctica del Dharma. Esta relación de interdependencia y apoyo mutuo entre la comunidad monástica y la comunidad laica es una característica distintiva del jainismo, garantizando que la tradición sea preservada y transmitida a las futuras generaciones.

La búsqueda de una vida ética y virtuosa en el contexto de la vida cotidiana es el centro de la práctica jainista para laicos y laicas. Los Anuvratas y las directrices éticas ofrecen un mapa práctico para vivir de acuerdo con los principios jainistas en el mundo, sin la necesidad de renunciar a la vida familiar, profesional o social. Laicos y laicas jainistas buscan aplicar los valores de la Ahimsa, de la verdad, de la no codicia, de la castidad y de la no posesividad en todas sus actividades diarias, en sus relaciones, en sus negocios, en sus elecciones de consumo y en sus interacciones con el medio ambiente. Ellos se esfuerzan por vivir de forma consciente, responsable y compasiva, buscando el bienestar de todos los seres y el progreso espiritual gradual en su jornada rumbo a la liberación.

En resumen, las prácticas jainistas para laicos y laicas, centradas en los Anuvratas y en un conjunto amplio de directrices éticas, ofrecen un camino valioso y accesible para vivir el Dharma jainista en el contexto de la vida cotidiana. Estos votos y directrices proporcionan una guía práctica para la conducta moral, social y religiosa, permitiendo que laicos y laicas cultiven la no violencia, la verdad, la no codicia, la castidad y la no posesividad en sus vidas diarias, buscando el progreso espiritual gradual, la vida virtuosa y la contribución a un mundo más justo, pacífico y compasivo. En el próximo capítulo, exploraremos la dieta jainista y el vegetarianismo, desvelando los principios de la alimentación jainista como una expresión fundamental del principio de la Ahimsa y un componente esencial del estilo de vida jainista para todos los practicantes, monjes, monjas, laicos y laicas.

Capítulo 15
La Dieta Jainista

En el mosaico multifacético de la tradición Jainista, la dieta asume un significado que trasciende la mera nutrición física, elevándose a una expresión viva y cotidiana del principio fundamental de Ahimsa (No Violencia). La dieta Jainista, intrínsecamente ligada al vegetarianismo, no es solo una elección alimentaria, sino un compromiso ético y espiritual profundo, una práctica consciente que busca minimizar al máximo la violencia y el sufrimiento infligido a otros seres vivos, incluso en el acto esencial de alimentarse para sustentar la propia vida. Explorar la dieta Jainista es desvelar un sistema alimentario único y riguroso, guiado por la compasión, la responsabilidad ecológica y la búsqueda de la purificación del alma, ofreciendo un modelo inspirador para una alimentación más ética y consciente en el mundo contemporáneo.

El vegetarianismo como una expresión de Ahimsa es el fundamento ético de la dieta Jainista. Como ya hemos explorado extensivamente, Ahimsa, la no violencia en todas sus formas, es la piedra angular de la ética Jainista. En este contexto, la dieta vegetariana surge como una aplicación práctica y concreta de Ahimsa en la vida cotidiana, buscando evitar cualquier participación en la violencia inherente a la producción de carne y otros productos de origen animal. Para el Jainista, consumir carne significa contribuir directamente al ciclo de sufrimiento y muerte infligido a los animales, seres vivos que, como los humanos, poseen alma (Jiva) y la capacidad de sentir dolor y miedo. Al optar por el vegetarianismo, el Jainista busca alinear sus elecciones alimentarias con el principio de Ahimsa, cultivando la compasión y el respeto por toda la vida.

La dieta Jainista no es solo vegetariana, sino vegana para los ascetas más rigurosos y predominantemente lacto-vegetariana para legos y legas, con matices y grados de rigor que varían entre las diferentes sectas y tradiciones Jainistas. El veganismo Jainista, practicado principalmente por monjes y monjas Digambara y por algunos ascetas Svetambara, excluye completamente todos los productos de origen animal, incluyendo carne, pescado, huevos, lácteos y miel. Esta práctica visa a evitar cualquier forma de explotación animal y a reducir al máximo la violencia en la alimentación.

El lacto-vegetarianismo Jainista, más común entre legos y legas y en la tradición Svetambara en general, permite el consumo de lácteos (leche, queso, yogur, etc.), pero continúa excluyendo carne, pescado y huevos. Incluso en el lacto-vegetarianismo Jainista, existe una preocupación constante en garantizar que los lácteos sean obtenidos de forma ética y no violenta, evitando prácticas que causen sufrimiento o explotación excesiva a los animales. Algunos Jainistas lactovegetarianos también evitan el consumo de miel, por considerarlo como un producto de explotación de las abejas.

Las restricciones alimentarias Jainistas van más allá de la exclusión de productos de origen animal, abarcando también ciertos tipos de vegetales y raíces, dependiendo de la tradición y del grado de rigor ascético. Algunas tradiciones Jainistas, especialmente entre los Digambaras, evitan el consumo de raíces y tubérculos como patata, zanahoria, rábano, cebolla y ajo. Esta restricción se basa en el principio de *Ekindriya Jiva Himsa*, la no violencia a seres de un sentido. Raíces y tubérculos son considerados como poseedores de un mayor potencial de vida latente y como albergando un mayor número de microorganismos, y su cosecha es vista como involucrando un mayor grado de violencia y destrucción de formas de vida. Esta restricción es más común entre los ascetas y menos seguida por los legos y legas, que generalmente consumen una variedad mayor de vegetales.

Los principios detrás de las restricciones alimentarias Jainistas reflejan la aplicación rigurosa de Ahimsa y la búsqueda por la minimización de la violencia en la alimentación. Los principales principios que guían la dieta Jainista incluyen:

Ahimsa (No Violencia): Como principio central, Ahimsa motiva la exclusión de carne, pescado y huevos, y la reducción máxima del consumo de productos de origen animal, visando a evitar la violencia y el sufrimiento infligido a los animales.

Karuna (Compasión): La compasión por todos los seres vivos motiva la elección de una dieta que cause el mínimo de daño y sufrimiento posible a otras criaturas. La dieta Jainista busca reflejar la compasión en cada comida, reconociendo la interconexión de toda la vida.

Aparigraha (No Posesividad): El principio de la No Posesividad se refleja en la simplicidad y en la moderación de la dieta Jainista. Evitar alimentos lujosos, indulgentes o excesivamente procesados, y optar por alimentos simples, naturales y nutritivos, se alinea con el principio del desapego y del contentamiento.

Samyama (Autodisciplina): La dieta Jainista exige autodisciplina y control de los deseos sensoriales, especialmente el paladar. Restringir ciertos tipos de alimentos y practicar el ayuno periódico son formas de fortalecer la autodisciplina y refinar la mente, dirigiendo la energía para la práctica espiritual.

Viveka (Discernimiento): El discernimiento y la sabiduría guían las elecciones alimentarias Jainistas. Comprender las consecuencias kármicas de las acciones, incluyendo las elecciones alimentarias, y discernir entre alimentos que promueven la salud física y espiritual y aquellos que la perjudican, es esencial para la práctica de la dieta Jainista.

Implicaciones prácticas de la dieta Jainista en el día a día abarcan diversos aspectos de la vida cotidiana, desde la elección de los alimentos y la preparación de las comidas hasta el comportamiento social y la alimentación fuera de casa. En la elección de los alimentos, el Jainista consciente busca priorizar alimentos vegetarianos, de preferencia veganos, frescos, naturales y mínimamente procesados. Leer etiquetas, cuestionar el origen de los alimentos y optar por productos de origen ético y sostenible son prácticas comunes.

En la preparación de las comidas, la dieta Jainista incentiva la simplicidad, la moderación y el cuidado en la preparación de los alimentos, evitando el desperdicio y el consumo excesivo de energía y recursos. Cocinar con intención compasiva, en un ambiente limpio y pacífico, y ofrecer la comida como una ofrenda antes de comer son prácticas devocionales.

En el comportamiento social y en la alimentación fuera de casa, el Jainista enfrenta el desafío de mantener su dieta en un mundo que muchas veces no comprende o no respeta las restricciones alimentarias Jainistas. Explicar gentilmente sus elecciones alimentarias, buscar opciones vegetarianas o veganas en restaurantes y eventos sociales, y llevar su propia comida cuando sea necesario son estrategias comunes. La flexibilidad y la adaptación son importantes, manteniendo siempre el compromiso con los principios éticos de Ahimsa y de la compasión.

Beneficios de la dieta Jainista para la salud física, mental y espiritual son reconocidos tanto por la tradición Jainista como por la ciencia moderna. Desde el punto de vista de la salud física, la dieta Jainista, rica en vegetales, frutas, granos integrales y leguminosas, y restringida en grasas saturadas, colesterol y alimentos procesados, puede contribuir para la prevención de enfermedades crónicas como enfermedades cardíacas, diabetes tipo 2, ciertos tipos de cáncer y obesidad.

Estudios han demostrado que vegetarianos y veganos tienden a tener un índice de masa corporal (IMC) más saludable, niveles de colesterol más bajos y menor riesgo de desarrollar estas enfermedades.

Desde el punto de vista de la salud mental, la dieta Jainista, al promover la moderación, la simplicidad y el contentamiento, puede contribuir para el bienestar emocional y mental. La práctica de la alimentación consciente (*Mindful Eating*), la gratitud por los alimentos y la reducción del apego a los placeres sensoriales pueden calmar la mente, reducir el estrés y cultivar la paz interior.

Desde el punto de vista de la salud espiritual, la dieta Jainista es vista como un medio esencial para la purificación del alma y el progreso espiritual. Al alinear las elecciones alimentarias con los principios de Ahimsa y de la compasión, el Jainista fortalece su práctica ética, acumula mérito espiritual y avanza rumbo a la liberación (Moksha). La dieta Jainista no es solo una forma de nutrir el cuerpo, sino también una práctica espiritual continua, un acto de devoción y un camino para la autotransformación.

Finalmente, la relevancia de la dieta Jainista en el mundo moderno resuena con urgencia creciente en un contexto global marcado por preocupaciones éticas, ambientales y de salud relacionadas con la producción y el consumo de alimentos. En un mundo donde la producción de carne y lácteos contribuye significativamente a las emisiones de gases de efecto invernadero, la deforestación, la contaminación del agua y la explotación animal a gran escala, la dieta Jainista ofrece un modelo alimentario más sostenible y compasivo, alineado con los valores de la responsabilidad ambiental y de la ética animal.

Además, en un mundo donde las enfermedades crónicas relacionadas con la dieta son una de las principales causas de morbilidad y mortalidad, la dieta Jainista, rica en alimentos vegetales integrales, ofrece un camino para una alimentación más saludable y preventiva, promoviendo el bienestar físico y la longevidad. La dieta Jainista, por lo tanto, no es solo una práctica religiosa antigua, sino un modelo alimentario relevante e inspirador para el siglo XXI, una invitación a repensar nuestras elecciones alimentarias, a cultivar la compasión y la responsabilidad, y a construir un futuro más ético, saludable y sostenible para todos los seres vivos.

En resumen, la dieta Jainista y el vegetarianismo representan una expresión profunda y abarcadora del principio de Ahimsa en la vida cotidiana. Mucho más que una simple restricción alimentaria, la dieta Jainista es un compromiso ético y espiritual, un camino para la purificación del alma, la salud integral y la contribución a un mundo más compasivo y sostenible. Al explorar los principios, las prácticas y los beneficios de la dieta Jainista, podemos inspirarnos a repensar nuestras propias elecciones alimentarias, a cultivar la compasión en el plato y a recorrer un camino de alimentación más ética, consciente y responsable, en beneficio de nosotros mismos, de otros seres vivos y del planeta. En el próximo y último capítulo, exploraremos la relevancia contemporánea del Jainismo, desvelando cómo los principios y valores Jainistas pueden ser aplicados y vividos en el mundo moderno, enfrentando los desafíos y las oportunidades del siglo XXI.

Capítulo 16
Templos y Rituales Jainistas

En el panorama multifacético de la tradición Jainista, los templos (Derasar) y los rituales desempeñan un papel crucial, ofreciendo espacios sagrados para el culto, la devoción y la práctica espiritual, y sirviendo como centros vibrantes de la comunidad Jainista. Estos lugares de culto, ricamente imbuidos de simbolismo y significado, no son meros edificios, sino portales hacia la trascendencia, espacios donde el practicante Jainista puede conectarse con los Tirthankaras, cultivar la fe y la devoción (Bhakti), y profundizar su camino hacia la liberación (Moksha). Explorar los templos y rituales Jainistas es adentrarse en el corazón palpitante de la práctica devocional Jainista, desvelando la riqueza de su simbolismo, la belleza de sus ceremonias y la importancia de su función comunitaria y cultural.

La arquitectura y el simbolismo de los templos Jainistas (Derasar) reflejan los valores y principios centrales de la filosofía Jainista, como la Ahimsa (no violencia), la pureza, la serenidad y la búsqueda de la trascendencia. Los templos Jainistas, conocidos como Derasar (término Gujarati) o Mandir (término Hindi), son generalmente construidos siguiendo principios arquitectónicos específicos, con características distintivas que los diferencian de otros templos religiosos indios.

La estructura básica de un Derasar generalmente incluye:

Garbhagriha (Santuario Interior): El corazón del templo, donde la imagen principal del Tirthankara (Murtis) es instalada. Es el espacio más sagrado del templo, reservado para los rituales más importantes y para la presencia de los sacerdotes (Pujari).

Gudhamandapa (Salón de Reunión): Un salón espacioso frente al Garbhagriha, donde los devotos se reúnen para oraciones, cantos y discursos religiosos. El Gudhamandapa puede ser ricamente decorado con pilares esculpidos, cúpulas y pinturas.

Mukhamandapa (Pórtico de Entrada): Un pórtico o galería en la entrada del templo, que sirve como espacio de transición entre el mundo exterior y el espacio sagrado del templo.

Shikhar (Pináculo o Torre): Una torre elevada y elaboradamente esculpida, que se eleva por encima del Garbhagriha, marcando la presencia del templo y sirviendo como un punto focal visual.

Manastambha (Columna del Honor): Una columna alta e imponente, generalmente localizada frente al templo, adornada con esculturas y símbolos Jainistas. El Manastambha simboliza la refutación del orgullo y la entrada humilde al templo.

El simbolismo presente en la arquitectura Jainista es profundo y multifacético. La orientación este de la mayoría de los templos simboliza la búsqueda de la iluminación, que surge con el sol naciente. Las esculturas elaboradas y los motivos ornamentales representan la belleza y la perfección del universo Jainista, y la multiplicidad de seres vivos. Las imágenes de los Tirthankaras en el Garbhagriha representan los seres iluminados, los modelos ideales de perfección espiritual y los guías en el camino de la liberación. La atmósfera de paz y serenidad que permea los templos Jainistas busca crear un ambiente propicio para la introspección, la meditación y la devoción.

Las imágenes de los Tirthankaras (Jinas) son los objetos centrales de veneración en los templos Jainistas. Los Tirthankaras, los "Constructores del Puente", son seres humanos iluminados que alcanzaron la liberación (Moksha) y que, por compasión, enseñan el camino de la liberación para otros seres. Existen 24 Tirthankaras en cada ciclo cósmico, siendo Rishabhanatha el primero y Mahavira el último Tirthankara del ciclo actual.

Las imágenes de los Tirthankaras (Murtis) son representaciones idealizadas de estos seres iluminados, caracterizadas por una expresión serena y contemplativa, transmitiendo paz, calma y ausencia de pasiones. Las Murtis son generalmente representadas en dos posturas principales:

Kayotsarga (Postura de Abandono del Cuerpo): Una postura erguida, con los brazos rectos al lado del cuerpo o ligeramente separados, representando la meditación de pie y el desapego del cuerpo físico. Esta postura simboliza el ascetismo radical y la renuncia al mundo material.

Padmasana (Postura de Loto): Una postura sentada con las piernas cruzadas en loto, representando la meditación sentada y el estado de equilibrio y armonía interior. Esta postura simboliza la tranquilidad mental y la estabilidad espiritual.

Las Murtis de los Tirthankaras son generalmente hechas de piedra, mármol o metal, y pueden ser desnudas (Digambara) o vestidas con adornos simples (Svetambara), reflejando las diferentes tradiciones monásticas. Las Murtis no son vistas como divinidades en el sentido teísta, sino como símbolos inspiradores de los ideales Jainistas, representando el potencial humano para alcanzar la perfección espiritual y la liberación. Venerar las Murtis no es buscar favores o bendiciones, sino cultivar la devoción (Bhakti), inspirarse en los ejemplos de los Tirthankaras y fortalecer la propia jornada espiritual.

Los rituales diarios y ceremonias en los templos Jainistas son prácticas devocionales que buscan expresar la reverencia a los Tirthankaras, purificar la mente y el cuerpo, y fortalecer la conexión con el Dharma. Algunos de los rituales y ceremonias más comunes incluyen:

Puja (Adoración): La Puja es un ritual diario de adoración a los Tirthankaras, que puede ser realizado individualmente o en grupo, en el templo o en casa. La Puja involucra la ofrenda simbólica de ocho sustancias (Ashtamangala) a las Murtis de los Tirthankaras, representando los diferentes aspectos de la jornada espiritual: agua (pureza), sándalo (pureza), flores (no violencia), incienso (fragancia), lámpara (conocimiento), arroz (pureza), frutas (liberación) y dulces (bienaventuranza). Durante la Puja, los devotos recitan mantras, cantos y oraciones, expresando su devoción y gratitud a los Tirthankaras.

Aarti (Ofrenda de Luz): La Aarti es una ceremonia de ofrenda de luz, realizada generalmente al amanecer y al atardecer en los templos Jainistas. Durante la Aarti, los sacerdotes (Pujari) o devotos ofrecen luces encendidas (lámparas, velas) a las Murtis de los Tirthankaras, acompañadas de cantos, música y oraciones. La Aarti simboliza la disipación de la oscuridad de la ignorancia y la iluminación del conocimiento espiritual.

Abhisheka (Unción): El Abhisheka es un ritual de unción de las Murtis de los Tirthankaras con agua, leche, sándalo, azafrán y otras sustancias purificadoras. El Abhisheka es realizado en ocasiones especiales, como festivales y ceremonias de consagración de nuevas Murtis, simbolizando la purificación y la revitalización de las imágenes sagradas.

Stavana (Oración y Canto Devocional): La Stavana se refiere a oraciones, himnos y cánticos devocionales en alabanza a los Tirthankaras, que son recitados individualmente o en grupo, en los templos o en casa. Las Stavanas expresan la devoción (Bhakti), la gratitud y la admiración por los Tirthankaras, buscando inspiración en sus ejemplos y fortaleciendo la fe y la conexión con el Dharma.

La importancia de la devoción (Bhakti) y de la oración (Stavana) en la práctica Jainista reside en su papel como medio de cultivar la fe, la humildad, la concentración y la conexión espiritual. Aunque el Jainismo no sea una tradición teísta en el sentido convencional, la devoción a los Tirthankaras y la práctica de rituales y oraciones son consideradas como prácticas valiosas en el camino de la purificación del alma. La Bhakti Jainista no es una forma de adoración a un Dios creador, sino una expresión de reverencia y admiración por los seres iluminados, buscando inspiración en sus ejemplos y fortaleciendo la propia aspiración a la liberación. La devoción y la oración ayudan a calmar la mente, a reducir el egoísmo y el apego, y a cultivar cualidades espirituales como la compasión, la gratitud y la humildad.

Finalmente, los templos Jainistas como centros de comunidad, educación y preservación cultural desempeñan un papel multifacético en la vida Jainista, yendo más allá de ser apenas lugares de culto. Los Derasar sirven como puntos de encuentro para la comunidad Jainista, donde los practicantes se reúnen para rituales, festivales, discursos religiosos, eventos sociales y actividades comunitarias. Los templos también funcionan como centros de educación religiosa, ofreciendo clases, palestras, cursos y programas de estudio sobre la filosofía, la ética, las escrituras y las prácticas Jainistas, para niños, jóvenes y adultos. Además, los templos Jainistas actúan como guardianes de la cultura Jainista, preservando el arte, la arquitectura, la literatura, las tradiciones rituales y los valores de la comunidad Jainista, transmitiéndolos para las futuras generaciones.

En resumen, los templos y rituales Jainistas representan una dimensión esencial de la tradición Jainista, ofreciendo espacios sagrados para el culto, la devoción, la práctica espiritual y la vida comunitaria. La arquitectura y el simbolismo de los templos reflejan los valores Jainistas, mientras que las imágenes de los Tirthankaras inspiran la fe y la búsqueda de la liberación. Los rituales diarios y ceremonias, como Puja, Aarti, Abhisheka y Stavana, cultivan la devoción, la purificación y la conexión espiritual. Los templos Jainistas, más que meros edificios, son centros vibrantes de comunidad, educación y preservación cultural, desempeñando un papel multifacético en la vida de los practicantes Jainistas y en la continuidad de la tradición Jainista a lo largo de los siglos. En el próximo capítulo, exploraremos el arte y la arquitectura Jainista en mayor detalle, desvelando el simbolismo y la estética distintiva de la cultura visual Jainista.

Capítulo 17
Arte y Arquitectura Jainista

El arte y la arquitectura jainista constituyen un tesoro visual único e inspirador, que refleja los valores, la filosofía y la cosmovisión jainista de forma elocuente y duradera. Lejos de la exuberancia o del dramatismo de otras tradiciones artísticas religiosas, el arte jainista se caracteriza por una estética serena, equilibrada y armoniosa, imbuida de simbolismo profundo e intencional. Desde las majestuosas esculturas de los Tirthankaras hasta los intrincados detalles de los templos, la cultura visual jainista transmite un mensaje de paz, no violencia, autodisciplina y búsqueda de la liberación, invitando al observador a la contemplación, la introspección y la conexión con el Dharma. Explorar el arte y la arquitectura jainista es descifrar un lenguaje visual rico y complejo, que revela la esencia de la tradición jainista y su singular contribución a la herencia cultural de la India y del mundo.

Las características del arte jainista revelan una estética distintiva, moldeada por los principios fundamentales del jainismo. El arte jainista no se destina a adornar o entretener, sino a inspirar, educar y elevar espiritualmente al observador. Algunas de las características más destacadas del arte jainista incluyen:

Énfasis en la Paz y la Serenidad: El arte jainista busca transmitir una atmósfera de paz interior, calma y serenidad. Las expresiones faciales de los Tirthankaras en las esculturas, los colores suaves y armoniosos en las pinturas y la arquitectura equilibrada de los templos contribuyen a crear un ambiente que invita a la contemplación y la meditación.

No Violencia (Ahimsa) como Tema Central: El principio de Ahimsa impregna todo el arte jainista, manifestándose en la representación pacífica de los seres, en la ausencia de escenas violentas o agresivas y en la elección de materiales y técnicas que minimicen el daño a otras formas de vida. El arte jainista celebra la vida, la compasión y el respeto por todos los seres vivos.

Idealización de la Forma Humana: Las representaciones de los Tirthankaras y de otras figuras espirituales en el arte jainista son altamente idealizadas, buscando expresar la perfección espiritual y la ausencia de pasiones. Las figuras son generalmente representadas con proporciones armoniosas, rasgos faciales serenos y cuerpos desprovistos de adornos excesivos, transmitiendo una imagen de pureza, autodisciplina y desapego.

Simbolismo Rico e Intencional: El arte jainista está repleto de símbolos que representan conceptos filosóficos, principios éticos y cualidades espirituales importantes en el jainismo. Cada elemento del arte jainista, desde las posturas de las figuras hasta los motivos ornamentales y los colores utilizados, posee un significado simbólico profundo, que invita a la interpretación y la reflexión.

Detalle y Precisión: El arte jainista frecuentemente demuestra un alto nivel de detalle y precisión en la ejecución, reflejando la importancia de la atención cuidadosa, la diligencia y la perfección en la práctica espiritual jainista. La elaboración intrincada de las esculturas, las líneas finas y precisas en las pinturas y la arquitectura meticulosamente planificada de los templos testimonian el cuidado y la dedicación de los artistas jainistas.

Las representaciones de los Tirthankaras en esculturas y pinturas son las imágenes más veneradas y recurrentes en el arte jainista. Como ya exploramos, los Tirthankaras son los seres iluminados que alcanzaron la liberación y que enseñan el camino del Dharma. Las representaciones artísticas de los Tirthankaras sirven como objetos de veneración e inspiración, recordando a los practicantes los ideales de perfección espiritual y el potencial humano para alcanzar la liberación.

Las esculturas de los Tirthankaras se encuentran en templos, altares domésticos y lugares de peregrinación jainistas. Generalmente hechas de piedra, mármol, metal o madera, las esculturas varían en tamaño, desde pequeñas estatuillas portátiles hasta inmensas imágenes monumentales. Las esculturas siguen un canon iconográfico riguroso, con características estandarizadas que identifican a los Tirthankaras y expresan sus atributos espirituales:

Posturas Meditativas: Las esculturas generalmente representan a los Tirthankaras en Kayotsarga (postura de pie) o Padmasana (postura de loto), simbolizando la meditación, el ascetismo y la estabilidad espiritual.

Símbolos Individuales (Lanchhana): Cada Tirthankara está asociado a un símbolo animal específico (Lanchhana), que lo distingue de los demás. Por ejemplo, Rishabhanatha está asociado al toro, Ajitanatha al elefante, y Mahavira al león. El Lanchhana generalmente es esculpido en la base de la estatua o en otros elementos decorativos.

Shrivatsa: Un símbolo en forma de espiral o rombo grabado en el pecho de los Tirthankaras, representando el alma pura e infinita.

Tres Sombrillas (Chattra Traya): Tres paraguas sobre la cabeza de la estatua, simbolizando el dominio espiritual de los Tirthankaras sobre los tres mundos (celestial, terrestre e infernal).

Halo (Prabhavali): Una aureola o halo circular alrededor de la cabeza de la estatua, representando el aura de luz y conocimiento que emana de los Tirthankaras.

Las pinturas jainistas, por su parte, se encuentran en manuscritos ilustrados, paneles de templos, murales y otras formas de arte. Las pinturas jainistas utilizan una paleta de colores suaves y terrosos, con énfasis en tonos de rojo, amarillo, verde y azul, creando una atmósfera calma y armoniosa. Las pinturas frecuentemente representan escenas de la vida de los Tirthankaras, narrativas de las escrituras jainistas, diagramas cosmológicos (Lokapurusha) y representaciones simbólicas de los principios jainistas. La técnica de pintura jainista tradicional, especialmente en los manuscritos ilustrados, es conocida por su precisión de líneas, detalles minuciosos y colores vibrantes, aplicadas con tintas naturales derivadas de minerales, plantas y pigmentos orgánicos.

El uso de símbolos jainistas es una característica destacada del arte y la arquitectura jainista, confiriéndoles un significado profundo y multifacético. Algunos de los símbolos jainistas más importantes y recurrentes incluyen:

Swastika: Uno de los símbolos más auspiciosos y universales del jainismo, el Swastika (no confundir con la esvástica nazi, que es una inversión del símbolo jainista) representa los cuatro estados de la existencia que el alma puede experimentar en el ciclo de reencarnación: celestial, humano, infernal y no humano (animal o vegetal). Las cuatro puntas del Swastika también pueden representar las Cuatro Gemas del Dharma: Conocimiento Correcto, Visión Correcta, Conducta Correcta y Ascetismo Correcto.

Shri Vatsa: Ya mencionado, el Shri Vatsa, en forma de espiral o rombo en el pecho de los Tirthankaras, simboliza el alma pura e infinita, la esencia de la conciencia liberada.

Nandavarta: Un diagrama en forma de estrella de nueve puntas o mandala cuadrada, representando el Monte Meru, la montaña cósmica central del universo jainista, y los diferentes niveles de la cosmología jainista.

Darpana (Espejo): El espejo simboliza el alma pura e inmaculada, que refleja la realidad sin distorsión. También puede representar la autoconciencia y la importancia de reflexionar sobre las propias acciones y pensamientos.

Kalasha (Vaso Sagrado): El vaso lleno de agua, frecuentemente representado en los templos jainistas, simboliza la plenitud, la prosperidad y la pureza. También puede representar el néctar de la inmortalidad y la búsqueda de la liberación.

Peces Gemelos (Matsyayugala): Dos peces lado a lado, nadando en direcciones opuestas, simbolizan el ciclo de nacimiento y muerte (Samsara) y la dualidad de la existencia condicionada. También pueden representar la búsqueda del equilibrio y la superación de la dualidad.

La arquitectura de los templos jainistas se caracteriza por una variedad de elementos y estilos, que varían de acuerdo con la región, el período histórico y la secta jainista. Sin embargo, algunos elementos arquitectónicos son comunes a la mayoría de los templos jainistas, reflejando los principios y valores de la tradición:

Pilares (Stambha): Los templos jainistas frecuentemente presentan pilares ricamente esculpidos, sosteniendo los techos, cúpulas y mandapas. Los pilares pueden ser decorados con figuras de divinidades, motivos geométricos, patrones florales y narrativas de las escrituras jainistas. Los pilares simbolizan la estabilidad, el soporte y la fuerza del Dharma.

Cúpulas (Shikhar): Como se mencionó, el Shikhar, el pináculo o torre que se eleva por encima del Garbhagriha, es una característica distintiva de los templos jainistas. Las cúpulas pueden variar en forma y tamaño, pero generalmente son elaboradamente esculpidas y adornadas, simbolizando la ascensión espiritual y la búsqueda de la liberación.

Mandapas (Salones): Los Mandapas, los salones de reunión y oración, son espacios amplios y abiertos, destinados a acomodar a los devotos y las actividades comunitarias del templo. Los Mandapas pueden ser decorados con pilares, esculturas, pinturas y ventanas que permiten la entrada de luz natural, creando un ambiente aireado y acogedor.

Toranas (Arcos Ornamentales): Los Toranas, arcos de entrada ricamente esculpidos, marcan la entrada al templo o a áreas sagradas dentro del templo. Los Toranas pueden ser adornados con figuras de Yakshas y Yakshinis (divinidades protectoras), animales, patrones geométricos y narrativas de las escrituras jainistas, simbolizando la entrada al espacio sagrado y la transición al mundo espiritual.

Jali (Celosías de Piedra Perforada): En algunos templos jainistas, especialmente en los estilos arquitectónicos del oeste de la India, las ventanas y paredes pueden ser construidas con Jali, celosías de piedra perforada con intrincados patrones geométricos o florales. Las Jali permiten la entrada de luz y ventilación, manteniendo la privacidad y creando un efecto visual de luz y sombra.

El arte y la arquitectura jainista como expresiones de la filosofía y los valores jainistas trascienden la mera estética visual, convirtiéndose en vehículos poderosos para la transmisión de las enseñanzas del Dharma. Al contemplar las esculturas de los Tirthankaras, los símbolos jainistas y la arquitectura de los templos, el practicante jainista es recordado de los ideales de no violencia, autodisciplina, pureza y búsqueda de la liberación. El arte jainista no solo decora los espacios sagrados, sino que también los impregna con significado espiritual, creando un ambiente propicio para la devoción, la meditación y la transformación interior. La cultura visual jainista, con su belleza serena y simbolismo profundo, ofrece una valiosa contribución a la herencia artística y espiritual de la humanidad, invitando a la reflexión sobre los valores eternos de la paz, la compasión y la búsqueda de la verdad. En el próximo capítulo, exploraremos los festivales y celebraciones jainistas, desvelando las principales festividades religiosas y la forma en que la comunidad jainista celebra y vivencia el Dharma a través del calendario festivo.

Capítulo 18
Principales Festividades Religiosas

El calendario Jainista está marcado por una serie de festivales y celebraciones que conmemoran fechas religiosas importantes, honran a figuras veneradas y fortalecen el espíritu comunitario de la Sangha Jainista. Estos festivales, vibrantes en color, devoción y significado, no son meras ocasiones festivas, sino oportunidades espirituales para profundizar en la práctica del Dharma, renovar los votos, buscar la purificación del alma y celebrar los valores centrales del Jainismo. Explorar los festivales Jainistas es sumergirse en el ritmo palpitante de la vida religiosa Jainista, desvelando las tradiciones, los rituales y la profunda importancia espiritual que impregnan estas fechas festivas.

Mahavir Jayanti, la celebración del aniversario de Mahavira, el último Tirthankara del ciclo actual, es una de las festividades más importantes y reverenciadas en el calendario Jainista. Celebrada anualmente en el decimotercer día de la quincena oscura del mes de Chaitra (generalmente en marzo o abril), Mahavir Jayanti conmemora el nacimiento de Vardhamana, quien más tarde se convertiría en Mahavira, el gran reformador y propagador del Jainismo. En este día auspicioso, los Jainistas celebran la vida, las enseñanzas y el legado de Mahavira, renovando su compromiso con los principios Jainistas y buscando inspiración en su ejemplo de ascetismo, no violencia y búsqueda de la liberación.

Las celebraciones de Mahavir Jayanti varían en detalles entre las diferentes sectas y regiones Jainistas, pero generalmente incluyen elementos comunes como:

Visitas a los Templos (Derasar): Los Jainistas tradicionalmente visitan los templos (Derasar) en Mahavir Jayanti para ofrecer oraciones, participar en rituales y venerar las Murtis (imágenes) de Mahavira y otros Tirthankaras. Los templos son especialmente decorados e iluminados para la ocasión, creando una atmósfera festiva y devocional.

Abhisheka (Unción Ritual): En muchos templos, se realiza el Abhisheka, el ritual de unción de las Murtis de Mahavira con agua, leche y otras sustancias purificadoras. Este ritual simboliza la purificación y la revitalización de la energía espiritual de las imágenes sagradas.

Procesiones y Desfiles: En algunas ciudades y comunidades Jainistas, se organizan procesiones y desfiles festivos en Mahavir Jayanti, con la Murti de Mahavira siendo llevada en un palanquín o carroza por las calles, acompañada de cantos, música y danzas devocionales.

Lecturas de las Escrituras (Agama): Discursos religiosos y lecturas de las escrituras Jainistas (Agama) se realizan en los templos y centros comunitarios en Mahavir Jayanti, recordando las enseñanzas de

Mahavira e inspirando a los practicantes a seguir el camino del Dharma.

Donaciones y Caridad (Dana): En espíritu de compasión y generosidad, los Jainistas practican la caridad y las donaciones (Dana) en Mahavir Jayanti, ofreciendo alimento, ropa, dinero y otras ayudas a los necesitados. Campañas de donación de sangre, distribución de alimentos para los pobres y organización de eventos de servicio comunitario son comunes en este día.

Ayuno y Prácticas Ascéticas: Algunos Jainistas observan ayuno parcial o completo en Mahavir Jayanti, como forma de practicar el ascetismo y la autodisciplina, emulando el ejemplo de Mahavira. Meditación, oración y otras prácticas espirituales se intensifican en este día, buscando la purificación del alma y la conexión con el Dharma.

Paryushan Parva, conocido como el "festival del perdón" y el festival más importante del año Jainista, es un período de ocho días de intensa práctica espiritual, introspección y arrepentimiento. Celebrado anualmente durante el mes de Bhadrapada (generalmente en agosto o septiembre), Paryushan Parva ofrece a los Jainistas una oportunidad valiosa para reflexionar sobre sus acciones, palabras y pensamientos del año anterior, para buscar el perdón por cualquier transgresión y para renovar su compromiso con los principios Jainistas.

Los ocho días de Paryushan Parva están marcados por diversas prácticas espirituales, incluyendo:

Ayambil Tap: Muchos Jainistas practican Ayambil Tap durante Paryushan, un tipo de ayuno riguroso que permite comer solo una vez al día, en un período específico, y solo alimentos insípidos y no cocidos. El Ayambil Tap tiene como objetivo purificar el cuerpo, fortalecer la autodisciplina y reducir el apego a los placeres del paladar.

Upvas (Ayuno): Además del Ayambil Tap, muchos Jainistas también observan ayuno completo (Upvas) por uno o más días durante Paryushan, absteniéndose de alimentos y agua. El ayuno es visto como una forma poderosa de ascetismo, purificación e introspección.

Pratikramana (Arrepentimiento y Confesión): El Pratikramana, el ritual diario de arrepentimiento y confesión, se practica de forma intensificada durante Paryushan. Los Jainistas reflexionan sobre sus transgresiones éticas y morales del año anterior, piden perdón a todos los seres vivos que puedan haber perjudicado, y hacen votos para evitar repetir esos errores en el futuro.

Lectura de las Escrituras (Kalpa Sutra): Durante Paryushan, las escrituras Jainistas, especialmente el Kalpa Sutra, que narra la vida de los Tirthankaras, son leídas y explicadas en los templos y centros comunitarios. El Kalpa Sutra es considerado un texto sagrado e inspirador, y su lectura durante Paryushan tiene como objetivo recordar las enseñanzas del Dharma y fortalecer la fe.

Discursos Religiosos (Pravachan): Monjes y monjas Jainistas ofrecen discursos religiosos (Pravachan) durante Paryushan, abordando temas como la Ahimsa, el Karma, el Moksha, la importancia del perdón y la práctica espiritual. Los Pravachan ofrecen orientación, inspiración y aclaraciones sobre el Dharma Jainista.

Kshamapana (Día del Perdón): El último día de Paryushan, conocido como Samvatsari Pratikramana o Kshamavani, está dedicado al perdón. En este día, los Jainistas buscan activamente el perdón de todos los que puedan haber ofendido, y ofrecen perdón a todos los que los hayan ofendido, a través de la fórmula tradicional "Micchami Dukkadam" (que significa "que todas mis transgresiones sean fruto de inutilidad"). El Kshamapana tiene como objetivo purificar las relaciones, cultivar la compasión y promover la armonía social.

Diwali (Deepavali), el festival de las luces, aunque también celebrado por hindúes y sijs, posee un significado especial para los Jainistas, marcando la fecha de la liberación (Moksha) de Mahavira. Celebrado en el último día del mes de Ashvin, Diwali, para los Jainistas, no es solo un festival de luces y celebración de la prosperidad, sino una conmemoración de la iluminación y la liberación de Mahavira del ciclo de nacimiento y muerte. En este día, los Jainistas celebran el triunfo de la luz del conocimiento sobre la oscuridad de la ignorancia y el alcance del Nirvana por Mahavira.

Las celebraciones de Diwali Jainista incluyen:

Nirvana Kalyanak Puja: Un Puja especial es realizado en los templos Jainistas en Diwali, conocido como Nirvana Kalyanak Puja, para celebrar el Nirvana de Mahavira y venerar su alma liberada (Siddha). Este

Puja enfatiza la búsqueda de la liberación y el ideal del Moksha.

Iluminación de los Templos y Hogares: Al igual que en otras tradiciones indias, los Jainistas también iluminan sus templos y hogares con lámparas de aceite (Diyas) y luces eléctricas en Diwali. La iluminación simboliza la luz del conocimiento espiritual que Mahavira trajo al mundo y la esperanza de disipar la oscuridad de la ignorancia.

Lakshmi Puja (Simbólica): Aunque la diosa Lakshmi es más prominente en el panteón hindú, algunos Jainistas también realizan una forma simbólica de Lakshmi Puja en Diwali, buscando prosperidad y bienestar para el próximo año. Sin embargo, el énfasis Jainista en Diwali permanece en la celebración de la liberación espiritual y no en la búsqueda de riquezas materiales.

Dulces y Regalos: El intercambio de dulces y regalos entre familiares y amigos es también una práctica común en Diwali Jainista, fortaleciendo los lazos sociales y comunitarios.

Akshaya Tritiya, celebrado en el tercer día de la quincena brillante del mes de Vaishakha (generalmente en abril o mayo), conmemora un evento significativo en la vida de Rishabhanatha, el primer Tirthankara del ciclo cósmico actual. Akshaya Tritiya marca el día en que Rishabhanatha finalizó su largo período de ascetismo y ayuno, recibiendo alimento por primera vez después de su iluminación (Kevala Jnana). Este festival celebra la importancia de la caridad (Dana), la compasión y el sustento a los ascetas Jainistas.

Las celebraciones de Akshaya Tritiya incluyen:

Recreación del Primer Almuerzo de Rishabhanatha: En algunos templos y comunidades Jainistas, se realiza una recreación simbólica del primer almuerzo de Rishabhanatha, con un monje o devoto representando a Rishabhanatha recibiendo alimento de los laicos y laicas. Esta recreación tiene como objetivo recordar la importancia del apoyo a los ascetas y cultivar la gratitud por la oportunidad de practicar la caridad (Dana).

Ofrenda de Jugo de Caña de Azúcar: Tradicionalmente, en Akshaya Tritiya, los Jainistas ofrecen jugo de caña de azúcar a los ascetas y a los templos, en memoria del alimento original que Rishabhanatha recibió. El jugo de caña de azúcar simboliza la nutrición, la dulzura y la pureza.

Dana (Caridad): Akshaya Tritiya es considerado un día especialmente auspicioso para la práctica de la caridad (Dana) en todas sus formas. Los Jainistas son animados a hacer donaciones para templos, instituciones de caridad, ascetas y personas necesitadas, buscando acumular mérito espiritual y expresar compasión.

Además de estos festivales principales, el calendario Jainista incluye otras fechas importantes y observancias, como:

Pancha Kalyanakas: Celebraciones que marcan los cinco eventos auspiciosos en la vida de cada Tirthankara: Chyavana (concepción), Janma (nacimiento), Diksha (renuncia), Kevala Jnana (iluminación) y Nirvana (liberación). Los Pancha

Kalyanakas pueden ser celebrados en fechas específicas para cada Tirthankara o en festivales colectivos.

Rohini Vrata: Un voto de ayuno observado por las mujeres Jainistas para buscar felicidad conyugal y prosperidad familiar. Se observa en todos los meses lunares, con ayuno en el día de Rohini Nakshatra (constelación).

Shashwati Vrata: Un voto de ayuno perpetuo observado por algunos Jainistas, practicando ayuno intermitente a lo largo de toda la vida, en días específicos del calendario lunar.

Los festivales y celebraciones Jainistas como expresión de la vida comunitaria y de la práctica del Dharma desempeñan un papel multifacético en la tradición Jainista. Fortalecen los lazos comunitarios, proporcionando oportunidades para los Jainistas de reunirse, celebrar juntos, compartir la fe y fortalecer sus relaciones. Los festivales también sirven como vehículos para la educación religiosa, transmitiendo las enseñanzas del Dharma a las nuevas generaciones a través de rituales, discursos, lecturas y actividades educativas. Además, los festivales Jainistas inspiran la práctica espiritual, motivando a los practicantes a intensificar sus prácticas ascéticas, a renovar sus votos, a reflexionar sobre sus vidas y a buscar la purificación del alma. Las celebraciones Jainistas, en su esencia, son expresiones vivas del Dharma, momentos de alegría, devoción y renovación espiritual que enriquecen la jornada Jainista y fortalecen la comunidad Jainista en todo el mundo. En el próximo capítulo, exploraremos la comunidad Jainista y su compromiso social, desvelando las contribuciones Jainistas a la sociedad y el papel del Jainismo en la promoción de la paz, la no violencia y la justicia social.

Capítulo 19
Comunidad Jainista

La tradición Jainista, desde sus orígenes en la India Antigua, jamás se restringió al dominio de la contemplación individual y de la práctica ascética aislada. Por el contrario, la comunidad Jainista (Sangha) siempre desempeñó un papel vital, actuando como un cimiento para la preservación de la fe, la transmisión de las enseñanzas y la manifestación de los valores Jainistas en el tejido social. Comprometida activamente con el mundo a su alrededor, la comunidad Jainista ha ofrecido contribuciones notables para la sociedad a lo largo de los siglos, en áreas tan diversas como la filosofía, el arte, la literatura, la ciencia y la ética, promoviendo la paz, la no violencia y la justicia social. Explorar la comunidad Jainista y su compromiso social es desvelar la faz activa y altruista del Jainismo, comprendiendo cómo sus valores trascienden la esfera individual y se irradian, transformando positivamente el mundo.

La estructura de la comunidad Jainista (Sangha) es un pilar fundamental de la tradición, constituyendo la espina dorsal que sustenta la fe y la práctica Jainista a lo largo de las generaciones. La Sangha Jainista, tradicionalmente dividida en cuatro partes - monjes

(Sadhu), monjas (Sadhvi), laicos (Shravaka) y laicas (Shravika) - funciona como una red de apoyo mutuo, aprendizaje y práctica espiritual, garantizando la continuidad y la vitalidad del Dharma Jainista.

El papel de la Sangha en la preservación de la tradición es multifacético y esencial. Los monjes y monjas, dedicados integralmente a la vida ascética, actúan como los guardianes de las enseñanzas, preservando las escrituras sagradas (Agamas), transmitiendo el conocimiento del Dharma a través de la predicación y de la enseñanza, y personificando los ideales Jainistas de renuncia, no violencia y autodisciplina. Los laicos y laicas, por su parte, desempeñan un papel crucial en el sustento material y social de la Sangha, ofreciendo apoyo financiero, alimento, vestuario y abrigo a los ascetas, y creando un ambiente social propicio para la práctica y la diseminación de los valores Jainistas. Esta relación simbiótica y de apoyo mutuo entre la comunidad monástica y la comunidad laica garantiza la continuidad de la tradición y la transmisión del Dharma para las futuras generaciones.

La importancia de la educación Jainista y de la transmisión de los valores para las nuevas generaciones es una prioridad constante dentro de la comunidad Jainista. Reconociendo que la preservación de la tradición depende de la educación y del compromiso de las futuras generaciones, la comunidad Jainista invierte significativamente en instituciones educativas, programas de enseñanza religiosa y actividades culturales dirigidas a niños, jóvenes y adultos. Templos

Jainistas (Derasar) y centros comunitarios frecuentemente ofrecen clases de Dharma, cursos de Jainología, programas de estudio de las escrituras, retiros espirituales y actividades lúdicas y educativas para niños y jóvenes, buscando inculcar los valores Jainistas desde la infancia, fortalecer la identidad religiosa y preparar a las nuevas generaciones para asumir la responsabilidad por la continuidad de la tradición.

Las contribuciones Jainistas para la filosofía, el arte, la literatura, la ciencia y la ética son vastas y profundas, enriqueciendo el patrimonio cultural de la India y del mundo. En filosofía, el Jainismo desarrolló sistemas lógicos y epistemológicos sofisticados, como el Anekantavada (relativismo) y el Syadvada (predicación condicional), que ofrecen perspectivas únicas sobre la naturaleza de la realidad, del conocimiento y de la verdad, promoviendo la tolerancia, el diálogo y la comprensión de la multiplicidad de puntos de vista. En el arte y la arquitectura, como exploramos en el capítulo anterior, el Jainismo legó templos majestuosos, esculturas serenas y pinturas intrincadas, imbuidas de simbolismo profundo y una estética distintiva, transmitiendo los valores de paz, no violencia y búsqueda de la liberación. En la literatura, los Agamas y otras escrituras Jainistas, preservadas en lenguas antiguas como Ardhamagadhi y Sánscrito, constituyen un rico cuerpo de textos filosóficos, éticos, narrativos y poéticos, que exploran la jornada espiritual, la cosmología Jainista y los principios del Dharma.

En el área de la ciencia, aunque el Jainismo no haya desarrollado una tradición científica en el sentido moderno, sus principios filosóficos y éticos, como la Ahimsa y el Anekantavada, tienen resonancia con conceptos científicos contemporáneos, como la ecología, la física cuántica y la teoría de la complejidad, ofreciendo *insights* valiosos para una ciencia más ética, responsable y alineada con la visión de interconexión e interdependencia de la vida. En la ética, la contribución Jainista es innegable y seminal, con el principio de la Ahimsa (no violencia) como piedra angular de un sistema ético abrangente y riguroso, que abarca todas las formas de vida e influencia la conducta individual, social y política, promoviendo la compasión, la justicia y la paz.

El compromiso social de la comunidad Jainista en áreas como educación, salud y bienestar animal refleja la aplicación práctica de los valores Jainistas en la vida cotidiana y la búsqueda por un mundo más justo y compasivo. En educación, instituciones educativas Jainistas, desde escuelas primarias hasta universidades, ofrecen enseñanza de calidad, combinando el currículo académico con la educación moral y ética basada en los principios Jainistas, formando ciudadanos conscientes, responsables y virtuosos. En el área de la salud, hospitales y clínicas Jainistas, frecuentemente administrados por organizaciones de caridad Jainistas, ofrecen servicios de salud accesibles y compasivos, muchas veces con énfasis en abordajes holísticos y preventivos, y con respeto por la dignidad y por los derechos de los pacientes. En el bienestar animal, la comunidad Jainista es pionera y ejemplar, con un fuerte compromiso con la protección de los animales, el vegetarianismo riguroso, la promoción de alternativas éticas a la explotación animal y el funcionamiento de abrigos y santuarios para animales rescatados.

El papel del Jainismo en la promoción de la paz, de la no violencia y de la justicia social es una marca distintiva de la tradición Jainista y una contribución relevante para el mundo contemporáneo. El principio de la Ahimsa, llevado a sus últimas consecuencias en el Jainismo, no es apenas una abstención de la violencia física, sino un imperativo ético abrangente que permea todos los aspectos de la vida, desde las elecciones alimentarias y el comportamiento individual hasta las políticas públicas y las relaciones internacionales. La comunidad Jainista, a lo largo de la historia, se ha posicionado como una voz en defensa de la paz, de la justicia y de la no violencia, promoviendo el diálogo, la tolerancia, la comprensión mutua y la resolución pacífica de conflictos, tanto a nivel interpersonal como a nivel global. En un mundo marcado por la violencia, por la injusticia y por la desigualdad, el Jainismo ofrece un camino alternativo, un modelo de sociedad pacífica y compasiva, basada en los principios de la no violencia, de la responsabilidad y de la interconexión de toda la vida.

En resumen, la comunidad Jainista y su compromiso social representan una dimensión vital y dinámica de la tradición Jainista. La Sangha, con su estructura e interdependencia entre monjes, monjas y laicos, garantiza la preservación y la transmisión del

Dharma. La educación Jainista busca formar nuevas generaciones imbuidas de los valores Jainistas. Las contribuciones Jainistas para la filosofía, el arte, la literatura, la ciencia y la ética enriquecen el patrimonio cultural de la humanidad. El compromiso social en educación, salud y bienestar animal demuestra la aplicación práctica de los principios Jainistas en la vida cotidiana. El papel del Jainismo en la promoción de la paz, de la no violencia y de la justicia social ofrece un camino para un mundo más compasivo y armonioso. La comunidad Jainista, en su diversidad y compromiso, continúa siendo un faro de esperanza y un agente de transformación positiva en el mundo contemporáneo, irradiando los valores eternos del Jainismo más allá de sus fronteras religiosas y culturales. En la Parte IV de este libro, exploraremos el Jainismo en el Mundo Moderno, profundizando el análisis de la relevancia contemporánea del Jainismo y sus aplicaciones en áreas como ciencia, ambientalismo, construcción de la paz, diálogo interreligioso y los desafíos y oportunidades enfrentados por el Jainismo en el siglo XXI.

Capítulo 20
Jainismo y Ciencia

En el siglo XXI, en un mundo cada vez más moldeado por los avances de la ciencia y la tecnología, el diálogo entre las antiguas tradiciones religiosas y el conocimiento científico moderno se vuelve no solo pertinente, sino esencial. El jainismo, con su rica filosofía y ética sofisticada, ofrece una perspectiva singular en este diálogo, revelando puntos de convergencia notables e ideas valiosas que pueden enriquecer tanto la comprensión científica de la realidad como la aplicación ética del conocimiento científico. Explorar la relación entre el jainismo y la ciencia no significa buscar una validación científica de las doctrinas jainistas, sino identificar paralelismos conceptuales, áreas de compatibilidad y contribuciones potenciales que cada campo puede ofrecer al otro, promoviendo una visión más integral e integrada del mundo y del lugar de la humanidad en él.

Los paralelismos entre los principios jainistas y los conceptos científicos modernos emergen en diversas áreas, revelando afinidades sorprendentes entre una sabiduría milenaria y los descubrimientos de la ciencia contemporánea. Aunque el jainismo no es una tradición científica en el sentido moderno, ciertos principios fundamentales de la filosofía jainista resuenan con conceptos y modelos científicos, sugiriendo una compatibilidad subyacente y un terreno común para el diálogo.

En primer lugar, la ecología y el principio de Ahimsa encuentran un punto de convergencia notable. La visión jainista de Ahimsa (no violencia), que se extiende a todas las formas de vida y reconoce la interconexión de todos los seres vivos (Jiva), se hace eco de los principios fundamentales de la ecología moderna. La ecología nos enseña sobre la complejidad de las redes ecológicas, la interdependencia de las especies y la importancia de la biodiversidad para la salud del planeta. Asimismo, el jainismo enfatiza la interconexión de toda la vida, la importancia de respetar y proteger a todos los seres vivos, y la necesidad de vivir en armonía con la naturaleza. Ambas perspectivas reconocen que la violencia contra la naturaleza, ya sea a través de la explotación excesiva de los recursos naturales, la contaminación o la destrucción de hábitats, tiene consecuencias negativas no solo para el medio ambiente, sino también para la propia humanidad. La Ahimsa jainista, por lo tanto, puede ser vista como un principio ético fundamental para el ambientalismo, ofreciendo una base filosófica sólida para la protección del planeta y la búsqueda de un futuro sostenible.

En segundo lugar, la física moderna, particularmente la física cuántica y la teoría de la relatividad, y el principio de Anekantavada (relativismo) presentan resonancias conceptuales estimulantes. El Anekantavada, la doctrina jainista de la multiplicidad de perspectivas y la relatividad de la verdad, postula que la realidad es compleja, multifacética y que ninguna perspectiva única puede capturarla completamente. Esta visión se hace eco de la complejidad y la naturaleza paradójica de la realidad revelada por la física moderna. La física cuántica, por ejemplo, demuestra que las partículas subatómicas pueden comportarse tanto como ondas como partículas, dependiendo de la perspectiva del observador. La teoría de la relatividad de Einstein desafía las nociones clásicas del espacio y el tiempo como entidades absolutas, mostrando que son relativos al observador y a su marco de referencia. Así como el Anekantavada jainista reconoce la validez de múltiples perspectivas en la comprensión de la realidad, la física moderna revela que la realidad en sí misma es multifacética y depende de la perspectiva del observador. El Anekantavada, por lo tanto, puede ser visto como un enfoque epistemológico precursor, que anticipa la complejidad y la relatividad de la realidad que revela la ciencia moderna.

En tercer lugar, la biología y la teoría del Jiva pueden ser exploradas en busca de puntos de conexión, aunque con cautela y respeto por las distinciones entre los campos. El concepto jainista de Jiva, el alma individual, consciente y eterna, presente en todos los seres vivos, puede interpretarse, desde una perspectiva secular, como una referencia a la fuerza vital, a la conciencia o a la complejidad inherente a la vida. Aunque la ciencia biológica no valida la existencia del alma en el sentido metafísico jainista, reconoce la complejidad y la singularidad de los sistemas vivos, la presencia de procesos autoorganizativos, la capacidad de respuesta al ambiente y, en niveles más complejos, la manifestación de la conciencia. La visión jainista del Jiva, por lo tanto, puede ser vista como una expresión filosófica antigua de una intuición sobre la vitalidad y la singularidad de la vida, que, en cierto modo, resuena con la admiración y la reverencia por la complejidad de la vida que también encontramos en la biología moderna. Es crucial notar que esta comparación no busca validar científicamente la creencia en el alma jainista, sino identificar un punto de diálogo y reflexión sobre la naturaleza de la vida y la conciencia.

La Ahimsa y la ética ambiental se vuelven particularmente relevantes en el contexto de la crisis ecológica global que enfrentamos hoy. La visión jainista de interconexión y respeto por toda la vida ofrece una base ética sólida para el ambientalismo y la búsqueda de soluciones sostenibles para los desafíos ambientales. El jainismo nos invita a repensar nuestra relación con la naturaleza, a abandonar la visión antropocéntrica que coloca a los seres humanos en el centro del universo y a adoptar una perspectiva biocéntrica o ecocéntrica, que reconoce el valor intrínseco de todas las formas de vida y la necesidad de proteger y preservar la biodiversidad del planeta. La Ahimsa ambiental jainista implica reducir el consumo, minimizar el desperdicio, optar por prácticas sostenibles, proteger los hábitats naturales y respetar los derechos de los animales. En un mundo amenazado por el cambio climático, la pérdida de biodiversidad, la contaminación y la explotación depredadora de los recursos naturales, la ética ambiental jainista ofrece una guía valiosa para la acción y un llamado a la responsabilidad ecológica global.

El Anekantavada y la complejidad de la realidad resuenan con la creciente comprensión científica de que el mundo es complejo, multifacético y que los fenómenos naturales rara vez pueden ser explicados por modelos simplistas o lineales. La ciencia moderna, en diversas áreas como la física, la biología, las ciencias sociales y la teoría de la complejidad, reconoce la importancia de la perspectiva, el contexto y la interconexión en la comprensión de la realidad. El Anekantavada jainista, al recordarnos la multiplicidad de perspectivas y la relatividad de la verdad, puede ayudarnos a desarrollar una mente más abierta, flexible y tolerante en relación con la complejidad del mundo, tanto en el campo científico como en otros dominios de la vida. La perspectiva jainista puede animarnos a superar el dogmatismo, el reduccionismo y el pensamiento binario, y a adoptar un enfoque más holístico, integrador y dialógico en la búsqueda del conocimiento y en la resolución de problemas complejos.

El jainismo y la búsqueda de una ciencia ética y responsable apuntan a la necesidad de integrar valores éticos y espirituales en la práctica científica y en la aplicación del conocimiento científico. El jainismo, con su énfasis en la Ahimsa, la compasión, la no posesividad y la autodisciplina, puede ofrecer un marco ético valioso para orientar la investigación científica, la innovación tecnológica y la utilización del conocimiento científico para el bienestar de la humanidad y del planeta. Una ciencia éticamente informada por el jainismo buscaría minimizar el daño y el sufrimiento, promover la justicia y la equidad, respetar la diversidad de la vida, y priorizar el bien común por encima de los intereses particulares o comerciales. El diálogo entre el jainismo y la ciencia puede contribuir al desarrollo de una ciencia más humana, responsable y sostenible, que reconozca los límites del conocimiento científico, la importancia de la humildad intelectual y la necesidad de considerar las implicaciones éticas y sociales de cada avance científico.

En conclusión, el jainismo y la ciencia, aunque transitan caminos distintos en la búsqueda del conocimiento, revelan puntos de convergencia e ideas mutuas que enriquecen nuestra comprensión del mundo. El jainismo ofrece una ética de la no violencia que resuena con los principios de la ecología y un llamado a la responsabilidad ambiental. El Anekantavada anticipa la complejidad y la relatividad de la realidad reveladas por la física moderna. La filosofía del Jiva inspira una reflexión sobre la naturaleza de la vida y la conciencia. El diálogo entre el jainismo y la ciencia puede contribuir al desarrollo de una ciencia más ética, responsable y holística, y a una visión del mundo más integrada, compasiva y sostenible. Es importante resaltar que este diálogo no pretende someter la fe a la razón o validar científicamente las creencias religiosas, sino explorar las ricas intersecciones entre la sabiduría antigua y el conocimiento moderno, buscando un futuro en el que la ciencia y la espiritualidad puedan caminar juntas hacia un mundo mejor. En el próximo capítulo, profundizaremos en la discusión sobre la ética ambiental jainista, explorando en detalle la relevancia ecológica del principio de Ahimsa.

Capítulo 21
Jainismo y Ambientalismo

En un mundo que enfrenta desafíos ambientales sin precedentes, desde el cambio climático hasta la pérdida de biodiversidad y la contaminación generalizada, la sabiduría ancestral de las tradiciones religiosas puede ofrecer perspectivas y guías valiosas para la acción. El Jainismo, con su principio central de la Ahimsa (No Violencia), emerge como una voz profética y relevante en el debate ambiental contemporáneo, ofreciendo una ética ecológica profunda y completa, capaz de inspirar una transformación radical en nuestra relación con la naturaleza y el planeta. Explorar el Jainismo y el ambientalismo es desvelar la relevancia ecológica de la Ahimsa, comprendiendo cómo este principio ético milenario puede proporcionar un fundamento sólido para la protección del medio ambiente, la promoción de la sostenibilidad y la búsqueda de un futuro armonioso para todos los seres vivos.

Ahimsa como principio fundamental del ambientalismo jainista constituye el pilar de una ética ecológica singularmente profunda y completa. Como ya hemos reiterado, la Ahimsa jainista no se limita a la ausencia de violencia física contra seres humanos, sino que se extiende a todas las formas de vida (Jiva), reconociendo que cada ser vivo posee un alma, la capacidad de sentir dolor y sufrimiento, y el derecho a la vida y al bienestar. Esta visión inclusiva de la Ahimsa trasciende el antropocentrismo común en muchas otras tradiciones éticas, colocando la protección de toda la vida en el centro de la moralidad y de la acción.

En el contexto ambiental, la Ahimsa se manifiesta como un imperativo ético para evitar cualquier forma de violencia contra la naturaleza, ya sea a través de la explotación predatoria de los recursos naturales, de la contaminación, de la destrucción de hábitats, de la extinción de especies o de cualquier acción que cause daño o sufrimiento a los ecosistemas y a los seres vivos que los habitan. El ambientalismo jainista, por lo tanto, no es solo una cuestión de protección del medio ambiente para el beneficio humano, sino un compromiso intrínseco con la no violencia, una extensión natural del principio de la Ahimsa al reino de la naturaleza, reconociendo la interconexión de todos los seres y la importancia de vivir en armonía con el mundo natural.

La protección de todas las formas de vida y el rechazo de la explotación de la naturaleza son corolarios lógicos del principio de la Ahimsa en el contexto ambiental jainista. Para el jainista, la naturaleza no es meramente un conjunto de recursos a ser explotados para el beneficio humano, sino un hogar compartido por innumerables formas de vida, cada una con su propio valor intrínseco y derecho a la existencia. La explotación predatoria de la naturaleza, impulsada por la codicia, el consumismo y la falta de consideración por los otros seres vivos, es vista como una forma de violencia, una transgresión al principio de la Ahimsa y una fuente de sufrimiento y desequilibrio para el planeta.

El Jainismo rechaza la visión antropocéntrica que coloca a los seres humanos en el centro de la creación y los considera superiores a las otras formas de vida. En cambio, propone una perspectiva biocéntrica o ecocéntrica, que reconoce el valor inherente de todos los seres vivos, independientemente de su utilidad para los humanos, y que enfatiza la importancia de proteger y preservar la biodiversidad del planeta. La protección de bosques, ríos, océanos, animales, plantas y microorganismos no es solo una cuestión de responsabilidad ambiental, sino un imperativo moral para el jainista, una expresión de la Ahimsa y de la compasión universal.

Las prácticas ecológicas jainistas se derivan directamente del principio de la Ahimsa y de la ética ambiental jainista, ofreciendo una guía práctica para vivir de forma más sostenible y compasiva. Algunas de las prácticas ecológicas jainistas más relevantes incluyen:

Vegetarianismo Riguroso y Veganismo: Como exploramos en el Capítulo 15, la dieta jainista, centrada en el vegetarianismo e, idealmente, en el veganismo, es una expresión fundamental de la Ahimsa en la alimentación. Al evitar el consumo de carne y otros productos de origen animal, el jainista reduce su participación en la violencia inherente a la producción pecuaria, que contribuye significativamente a la deforestación, las emisiones de gases de efecto invernadero, la contaminación del agua y la explotación animal a gran escala. El vegetarianismo jainista, por lo tanto, es una práctica ecológica esencial, que minimiza el impacto ambiental de la alimentación y promueve una relación más compasiva con los animales.

Consumo Consciente y Minimalista: El principio jainista de la Aparigraha (No Posesividad) se traduce en prácticas de consumo consciente y minimalista. Se alienta al jainista a reducir el consumo excesivo, a evitar el desperdicio, a optar por productos duraderos, reutilizables y de origen ético y sostenible. El consumismo desenfrenado, impulsado por la codicia y el apego a los bienes materiales, es visto como una fuente de violencia contra la naturaleza y de desequilibrio social. El consumo consciente jainista busca la simplicidad, la moderación y el contentamiento, alineando el estilo de vida con los principios de la Ahimsa y de la sostenibilidad.

Reducción y Gestión de Residuos: La preocupación por la no violencia se extiende a la gestión de residuos en el Jainismo. Se alienta a los practicantes a reducir la producción de basura, a reciclar, a compostar y a desechar los residuos de forma responsable, minimizando el impacto ambiental de la contaminación y de la degradación de los ecosistemas. El principio de la Ahimsa, en este contexto, implica evitar la violencia contra el medio ambiente a través de la contaminación y la degradación de los ecosistemas, y buscar soluciones sostenibles para la gestión de residuos.

Uso Consciente de Recursos Naturales: El Jainismo enfatiza el uso consciente y responsable de los recursos naturales, como agua, energía, tierra y minerales. Se incentiva a los practicantes a economizar agua y energía, a utilizar fuentes de energía renovables, a proteger el suelo y a evitar el desperdicio de recursos naturales. El principio de la Ahimsa, en este contexto, implica evitar la explotación predatoria de los recursos naturales y buscar formas de vida que sean sostenibles a largo plazo, respetando los límites del planeta y las necesidades de las futuras generaciones.

Promoción de la Biodiversidad y de la Conservación de la Naturaleza: El Jainismo valora la biodiversidad y la belleza de la naturaleza, reconociendo la importancia de proteger los hábitats naturales, las especies amenazadas y los ecosistemas frágiles. Se alienta a los practicantes a apoyar iniciativas de conservación de la naturaleza, a participar en proyectos de reforestación, a proteger a los animales salvajes y a promover la educación ambiental. El principio de la Ahimsa, en este contexto, implica defender los derechos de la naturaleza, reconocer el valor intrínseco de todas las formas de vida y buscar una relación armoniosa con el mundo natural.

El Jainismo y la búsqueda de un futuro sostenible y armonioso para el planeta reflejan una visión del mundo integrada y completa, que reconoce la interconexión de todos los seres vivos y la necesidad de construir una sociedad más justa, pacífica y sostenible. La ética ambiental jainista ofrece una guía valiosa para la acción en el contexto de la crisis ecológica global, proponiendo un camino de transformación personal y social basado en los principios de la Ahimsa, de la compasión, de la no posesividad y de la sabiduría.

El Jainismo nos invita a repensar nuestros valores, nuestros hábitos y nuestro estilo de vida, a abandonar el consumismo desenfrenado, la codicia y la explotación predatoria, y a adoptar una perspectiva más compasiva, responsable y sostenible en relación con el planeta y todos sus habitantes. La búsqueda de un futuro sostenible, en la perspectiva jainista, no es solo una cuestión de tecnología o política, sino una transformación ética y espiritual profunda, que exige un cambio de conciencia, una expansión de la compasión y un compromiso sincero con la no violencia en todas sus formas.

En conclusión, el Jainismo y el ambientalismo se encuentran en el principio de la Ahimsa, una ética de la no violencia que se extiende a toda la vida y al planeta. La ética ambiental jainista propone la protección de todas las formas de vida, el rechazo de la explotación predatoria de la naturaleza y la adopción de prácticas ecológicas como el vegetarianismo, el consumo consciente, la reducción de residuos y el uso responsable de los recursos naturales. El Jainismo ofrece una visión inspiradora para la búsqueda de un futuro sostenible y armonioso, basado en la compasión, la responsabilidad y la interconexión de toda la vida. En un mundo que clama por soluciones para la crisis ambiental, la sabiduría ecológica jainista ofrece un camino valioso y relevante, invitándonos a actuar con Ahimsa en beneficio de nosotros mismos, de otros seres vivos y del planeta como un todo. En el próximo capítulo, exploraremos el papel del Jainismo en la construcción de la paz, desvelando cómo los principios jainistas pueden ser aplicados en la resolución de conflictos y en la promoción de la armonía social.

Capítulo 22
La Construcción de la Paz

En un mundo frecuentemente asolado por conflictos, violencia y divisiones, el mensaje de paz del Jainismo resuena con una urgencia y relevancia singulares. La tradición Jainista, centrada en el principio supremo de Ahimsa (No Violencia), no solo condena la violencia en todas sus formas, sino que también ofrece un camino práctico y transformador para la construcción de la paz, tanto a nivel individual como colectivo. Explorar el Jainismo y la construcción de la paz es desvelar el potencial revolucionario de Ahimsa como una herramienta poderosa para la resolución de conflictos, comprendiendo cómo sus principios pueden ser aplicados para promover la armonía, la justicia y la coexistencia pacífica en un mundo fragmentado.

Ahimsa como herramienta para la resolución de conflictos interpersonales, sociales e internacionales representa el núcleo del enfoque Jainista hacia la paz. Lejos de ser una mera abstención pasiva de la violencia, la Ahimsa Jainista es una fuerza activa y dinámica, un principio ético que puede ser aplicado de forma constructiva para transformar situaciones de conflicto, restaurar relaciones y construir puentes de entendimiento y cooperación. Ahimsa, en este contexto, no es solo la ausencia de violencia física, sino también la ausencia de violencia verbal, mental y emocional, buscando erradicar las raíces del conflicto en todos los niveles de la experiencia humana.

A nivel interpersonal, la aplicación de Ahimsa en la resolución de conflictos implica responder a la ira con calma, al odio con amor, a la violencia con no violencia. En situaciones de desacuerdo o confrontación, el Jainista es alentado a practicar la escucha atenta, la comunicación compasiva y la búsqueda de soluciones pacíficas que respeten los derechos y las necesidades de todas las partes involucradas. Evitar palabras duras, juicios precipitados y reacciones impulsivas es esencial para desescalar el conflicto y crear un espacio para el diálogo constructivo y la reconciliación.

A nivel social y comunitario, Ahimsa puede ser aplicada para resolver tensiones, promover la justicia social y construir comunidades pacíficas e inclusivas. El Jainismo alienta el diálogo intergrupal, la promoción de la igualdad y la equidad, la defensa de los derechos humanos y la lucha contra la discriminación y la injusticia a través de medios no violentos. La acción social inspirada por Ahimsa busca transformar las estructuras sociales que generan violencia y desigualdad, construyendo una sociedad más justa, compasiva y armoniosa para todos sus miembros.

A nivel internacional, la aplicación de Ahimsa en la resolución de conflictos implica buscar soluciones diplomáticas, promover el diálogo intercultural y defender la paz a través de medios no violentos. El Jainismo rechaza la guerra como un medio legítimo de resolver disputas, defendiendo la negociación, la mediación, la cooperación internacional y la construcción de puentes entre las naciones como caminos para la paz duradera. La visión Jainista de un mundo pacífico se basa en la premisa de que la violencia genera más violencia, y que solo la no violencia puede romper el ciclo de conflicto y sufrimiento.

La importancia del diálogo, de la comprensión mutua y de la empatía en el enfoque Jainista hacia los conflictos reside en la convicción de que la mayoría de los conflictos surge de la falta de comunicación, del malentendido, de la intolerancia y de la falta de compasión. El Jainismo enfatiza la necesidad de cultivar la empatía, de ponerse en el lugar del otro, de comprender sus perspectivas, sus necesidades y sus sufrimientos, como un paso fundamental para la resolución pacífica de conflictos. El principio de Anekantavada (relativismo), que reconoce la multiplicidad de perspectivas y la relatividad de la verdad, es esencial para el diálogo interreligioso e intercultural, incentivando la tolerancia, la humildad intelectual y la apertura para escuchar y aprender de los otros.

El diálogo Jainista busca crear un espacio seguro y respetuoso para la comunicación abierta y honesta, donde todas las partes involucradas puedan expresar sus opiniones, sus sentimientos y sus necesidades, sin miedo al juicio o a la violencia. El objetivo del diálogo no es necesariamente llegar a un consenso completo, sino promover la comprensión mutua, identificar áreas de acuerdo y desacuerdo, y encontrar soluciones creativas y pacíficas que sean aceptables para todos los involucrados. La empatía, en el contexto Jainista, no es solo un sentimiento pasivo de simpatía, sino una capacidad activa de conectarse con la experiencia del otro, de sentir su dolor y su sufrimiento como si fueran propios. La empatía motiva la acción compasiva, la búsqueda de justicia y la resolución de conflictos de forma no violenta, con el objetivo de aliviar el sufrimiento y promover el bienestar de todos los seres.

Existen ejemplos de aplicación de los principios Jainistas en la construcción de la paz y en la promoción de la armonía social, tanto históricos como contemporáneos, que ilustran el potencial transformador de Ahimsa en la resolución de conflictos. Aunque el Jainismo es una tradición minoritaria en muchos contextos, sus principios éticos y su enfoque no violento han inspirado movimientos pacifistas, iniciativas de justicia social y esfuerzos de construcción de la paz en diversas partes del mundo.

Históricamente, la influencia del Jainismo en el movimiento de independencia de la India liderado por Mahatma Gandhi es un ejemplo notable de aplicación de los principios Jainistas en la resolución de un conflicto social y político de gran escala. Gandhi, profundamente influenciado por la filosofía Jainista, adoptó la Satyagraha (fuerza de la verdad), una forma de resistencia no violenta basada en los principios de Ahimsa, de la verdad y de la autosuficiencia, como la principal estrategia para luchar contra el dominio colonial británico y alcanzar la independencia de la India. La Satyagraha de Gandhi, inspirada por la

Ahimsa Jainista, demostró el poder de la no violencia como una fuerza transformadora para el cambio social y político, influenciando movimientos de derechos civiles y de paz en todo el mundo.

Contemporáneamente, organizaciones e individuos Jainistas continúan trabajando activamente en la promoción de la paz, de la no violencia y de la justicia social en diversas áreas, desde la resolución de conflictos comunitarios hasta la defensa de los derechos humanos y la protección del medio ambiente. Iniciativas Jainistas de diálogo interreligioso e intercultural buscan construir puentes de entendimiento y cooperación entre diferentes comunidades religiosas y culturales, promoviendo la tolerancia, el respeto mutuo y la coexistencia pacífica. Proyectos de educación para la paz y la no violencia son desarrollados en escuelas y comunidades Jainistas, con el objetivo de formar a las nuevas generaciones en los valores de la compasión, de la empatía y de la resolución pacífica de conflictos. Campañas de concienciación sobre la violencia y la injusticia social, inspiradas por Ahimsa, buscan movilizar a la opinión pública y presionar por cambios sociales y políticos que promuevan la paz, la justicia y la igualdad.

El Jainismo como un camino para la paz interior y para la paz mundial ofrece una visión holística e integrada de la paz, que comienza con la transformación individual y se expande hacia la transformación social y global. La paz, en la perspectiva Jainista, no es solo la ausencia de conflicto externo, sino un estado de armonía interior, de equilibrio mental y emocional, que surge de la práctica de la autodisciplina, de la meditación y de la purificación kármica. La paz interior, cultivada a través de la práctica espiritual Jainista, se irradia hacia el mundo exterior, influenciando positivamente las relaciones interpersonales, las comunidades y la sociedad en general.

El Jainismo nos enseña que la paz mundial comienza con la paz interior de cada individuo. Al transformar nuestros propios corazones y mentes, al cultivar la compasión, la empatía y la no violencia en nuestras vidas diarias, podemos contribuir a la creación de un mundo más pacífico y armonioso. La práctica de Ahimsa, por lo tanto, no es solo una ética personal, sino también una estrategia para la transformación social, un camino para la construcción de un futuro de paz y justicia para toda la humanidad. La invitación del Jainismo a la no violencia y a la construcción de la paz resuena con urgencia y esperanza en el mundo contemporáneo, ofreciendo un faro de luz y una guía para la acción en tiempos de conflicto e incertidumbre.

En conclusión, el Jainismo ofrece un enfoque profundo y abrangente para la construcción de la paz, centrado en el principio de Ahimsa como herramienta para la resolución de conflictos en todos los niveles. La importancia del diálogo, de la comprensión mutua y de la empatía es enfatizada como medios esenciales para la superación de la violencia. Ejemplos históricos y contemporáneos demuestran la aplicabilidad de los principios Jainistas en la promoción de la armonía social y de la paz mundial. El Jainismo, en última instancia, propone un camino de transformación personal y social, donde la búsqueda por la paz interior se vuelve inseparable de la búsqueda por la paz en el mundo, invitándonos a actuar con Ahimsa como agentes de cambio positivo y constructores de un futuro más pacífico y compasivo para todos los seres. En el próximo capítulo, exploraremos el Jainismo y el diálogo interreligioso, desvelando la perspectiva Jainista sobre otras fes y su contribución para la comprensión de la diversidad religiosa.

Capítulo 23
Diálogo Inter-religioso

En un mundo globalizado y plural, donde diferentes tradiciones religiosas coexisten e interactúan cada vez más, el diálogo interreligioso emerge como una necesidad apremiante para la construcción de la paz, la comprensión mutua y la cooperación global. El জৈনismo, con su filosofía inclusiva y tolerante, ofrece una perspectiva singularmente valiosa para este diálogo, fundamentada en el principio del Anekantavada (relativismo) y en una profunda ética de respeto y no violencia hacia todas las creencias y puntos de vista. Explorar el জৈনismo y el diálogo interreligioso es desvelar el abordaje jainista a la diversidad religiosa, comprendiendo cómo sus principios pueden contribuir a la superación del fanatismo, la intolerancia y el conflicto religioso, promoviendo un espíritu de colaboración y búsqueda de valores universales entre las diferentes tradiciones de fe.

Anekantavada, como base para el diálogo interreligioso y la comprensión de la diversidad religiosa, es el fundamento de la perspectiva jainista sobre otras fes. El Anekantavada, la doctrina de la multiplicidad de perspectivas y de la relatividad de la verdad, enseña que la realidad es compleja y multifacética, y que ninguna perspectiva única puede capturarla en su totalidad. Aplicado al campo religioso, el Anekantavada implica que ninguna religión posee el monopolio de la verdad absoluta, y que cada tradición religiosa representa una perspectiva válida y valiosa sobre la naturaleza de la realidad última, el camino espiritual y el propósito de la vida.

Esta visión pluralista e inclusiva contrasta con abordajes religiosos exclusivistas que afirman la superioridad o la unicidad de su propia fe, frecuentemente llevando a la intolerancia, al proselitismo y al conflicto interreligioso. El Anekantavada jainista, al reconocer la validez y la importancia de todas las perspectivas religiosas, promueve un espíritu de humildad intelectual, tolerancia y respeto hacia las otras tradiciones de fe. El diálogo interreligioso, en la perspectiva jainista, no es visto como una competición para convertir o refutar otras religiones, sino como una oportunidad para aprender unos de otros, para enriquecer la propia comprensión espiritual y para trabajar juntos en la búsqueda de valores universales y soluciones para los desafíos de la humanidad.

El respeto y la tolerancia jainista hacia otras tradiciones religiosas son características distintivas de la postura jainista en el diálogo interreligioso. El জৈনismo, a lo largo de su historia, ha demostrado una notable capacidad de coexistir pacíficamente con otras religiones en la India y en otras partes del mundo, evitando el proselitismo agresivo y el conflicto religioso. Este respeto y tolerancia derivan directamente del principio del Anekantavada, que incentiva a los jainistas a ver la verdad en todas las perspectivas, incluso en aquellas que difieren de sus propias creencias.

El জৈনismo no considera otras religiones como falsas o inferiores, sino como diferentes caminos que pueden llevar a la realización espiritual y a la búsqueda del bien. Reconociendo que diferentes personas tienen diferentes necesidades, temperamentos y contextos culturales, el জৈনismo acepta que diferentes religiones pueden ofrecer caminos válidos y adecuados para diferentes individuos. Este respeto por la diversidad religiosa no implica relativismo moral o indiferencia a la verdad, sino reconocer la complejidad de la búsqueda espiritual humana y la legitimidad de diferentes abordajes para la misma meta última.

Existen puntos de convergencia y diálogo entre el জৈনismo y otras religiones, como el Budismo, el Hinduismo, el Cristianismo, el Islamismo y otras tradiciones de fe, que pueden ser explorados para promover la comprensión mutua y la cooperación interreligiosa. Aunque cada religión posea sus propias doctrinas, rituales y prácticas específicas, existen valores y principios éticos universales que son compartidos por muchas tradiciones religiosas, ofreciendo un terreno común para el diálogo y la colaboración.

Con el Budismo, el জৈনismo comparte un origen histórico y cultural común en la India Antigua, y una serie de principios y prácticas semejantes, como el énfasis en la no violencia, en el ascetismo, en la meditación y en la búsqueda de la liberación del sufrimiento. El diálogo jainista-budista puede explorar los matices y diferencias en sus doctrinas, como el concepto de alma (Jiva en el জৈনismo y Anatta en el Budismo), la práctica ascética (más radical en el জৈনismo y el Camino del Medio en el Budismo) y la epistemología (Anekantavada en el জৈনismo y énfasis en la vacuidad en el Budismo), enriqueciendo la comprensión mutua e identificando áreas de convergencia ética y espiritual.

Con el Hinduismo, el জৈনismo comparte un vasto terreno cultural e histórico común, y una serie de conceptos y prácticas compartidas, como la creencia en el Karma, en la reencarnación, en el Dharma y en la búsqueda de la liberación (Moksha). El diálogo jainista-hindú puede explorar las diferencias en sus visiones sobre la divinidad, el sistema de castas, los rituales y las prácticas ascéticas, buscando identificar valores éticos y espirituales comunes y áreas de colaboración social y ambiental.

Con el Cristianismo y el Islamismo, el diálogo jainista puede explorar los puntos de convergencia ética y espiritual, como la importancia de la compasión, de la justicia, de la paz, del amor al prójimo y de la búsqueda de una relación con lo trascendente. Aunque las doctrinas teológicas y cosmológicas difieran significativamente, el diálogo puede concentrarse en los valores éticos compartidos, en la importancia de la acción social en pro de la justicia y de la paz, y en la búsqueda de un terreno común para la colaboración en cuestiones de interés global, como la pobreza, la desigualdad, la violencia y la crisis ambiental.

La búsqueda de valores universales y principios éticos comunes entre las diferentes religiones es un objetivo importante del diálogo interreligioso en la perspectiva jainista. A pesar de la diversidad de doctrinas, rituales y prácticas religiosas, muchas tradiciones de fe comparten valores éticos fundamentales, como la compasión, la justicia, la honestidad, la paz, la generosidad, el respeto y la responsabilidad. Estos valores universales pueden servir como base para la cooperación interreligiosa en áreas como la promoción de la paz, la defensa de los derechos humanos, la lucha contra la pobreza y la desigualdad, la protección del medio ambiente y la construcción de un mundo más justo y compasivo.

El diálogo interreligioso, en la perspectiva jainista, no pretende homogeneizar o diluir las diferencias entre las religiones, sino reconocer y valorar la diversidad religiosa como una riqueza para la humanidad. La búsqueda de valores universales no implica negar o minimizar las particularidades de cada tradición religiosa, sino identificar el terreno común que puede unir a las diferentes fes en la búsqueda de un bien mayor. El জৈনismo, con su filosofía inclusiva y tolerante, ofrece una contribución valiosa para este diálogo, invitando a las diferentes religiones a trabajar juntas en la construcción de un mundo más pacífico, justo y armonioso para todos los seres.

En conclusión, el জৈনismo y el diálogo interreligioso se encuentran en el principio del Anekantavada, una filosofía que promueve la tolerancia, el respeto y la comprensión de la diversidad religiosa. El জৈনismo demuestra un profundo respeto y tolerancia por otras tradiciones de fe, buscando puntos de convergencia y diálogo con el Budismo, el Hinduismo, el Cristianismo, el Islamismo y otras religiones. La búsqueda de valores universales y principios éticos comunes entre las diferentes religiones es vista como un camino para la cooperación interreligiosa y la construcción de un mundo más pacífico y justo. El জৈনismo, con su perspectiva inclusiva y dialogante, ofrece una valiosa contribución para el escenario interreligioso contemporáneo, invitando a las diferentes fes a trabajar juntas en la búsqueda de un futuro de paz, armonía y comprensión mutua para toda la humanidad. En el próximo capítulo, exploraremos la presencia del জৈনismo en la diáspora, desvelando la formación de comunidades jainistas fuera de la India y sus desafíos y adaptaciones en el mundo moderno.

Capítulo 24
Jainismo en la Diáspora

A principios del siglo XXI, el Jainismo, una tradición religiosa y filosófica milenaria con raíces profundas en la India, expandió sus fronteras geográficas y culturales, estableciendo comunidades vibrantes y florecientes en la diáspora, en diversos rincones del mundo. Esta diáspora জৈনista, impulsada por movimientos migratorios y la búsqueda de oportunidades en diferentes naciones, representa un capítulo nuevo y dinámico en la historia del Jainismo, trayendo consigo desafíos y adaptaciones, pero también oportunidades únicas para la diseminación global de las enseñanzas Jainistas y el enriquecimiento del tapiz multicultural del mundo contemporáneo. Explorar el Jainismo en la diáspora es desvelar el viaje de una fe ancestral en tierras extranjeras, comprendiendo cómo la comunidad Jainista se reinventa y se fortalece en nuevos contextos culturales, manteniendo su identidad y contribuyendo a la construcción de un mundo más diverso e interconectado.

La expansión del Jainismo fuera de la India en los siglos XX y XXI marca un punto de inflexión en la historia de la tradición Jainista. Durante siglos, el Jainismo permaneció predominantemente confinado al subcontinente indio, con comunidades concentradas principalmente en la India, y en menor medida, en algunos países vecinos. Sin embargo, a partir del siglo XX, y especialmente en las últimas décadas, el Jainismo experimentó un movimiento creciente de diáspora, con Jainistas migrando a diferentes partes del mundo en busca de mejores oportunidades económicas, educativas y profesionales.

Los factores que impulsaron la diáspora Jainista son múltiples y complejos, reflejando las tendencias globales de migración y las dinámicas socioeconómicas del mundo contemporáneo. La globalización, el aumento de la movilidad internacional, la búsqueda de mejores condiciones de vida y la diáspora de otras comunidades indias fueron algunos de los principales catalizadores de la expansión del Jainismo más allá de las fronteras de la India. La diáspora Jainista, aunque representa un desafío en términos de mantenimiento de la identidad cultural y religiosa, también ofrece oportunidades sin precedentes para la diseminación global de las enseñanzas Jainistas, la interacción con diferentes culturas y la construcción de puentes entre Oriente y Occidente.

La formación de comunidades Jainistas en América del Norte, Europa, África, Asia y Oceanía atestigua el alcance global de la diáspora Jainista. En América del Norte, los Estados Unidos y Canadá albergan las mayores comunidades Jainistas de la diáspora, con centros Jainistas, templos y organizaciones comunitarias establecidas en diversas ciudades, como Nueva York, Chicago, Los Ángeles,

Toronto y Vancouver. En Europa, el Reino Unido, Bélgica, Alemania y Francia son algunos de los países con presencia Jainista más significativa, con comunidades en ciudades como Londres, Leicester, Amberes y París. En África, comunidades Jainistas se pueden encontrar principalmente en Kenia, Sudáfrica y Uganda, reflejo de la migración histórica de indios al continente africano. En Asia, más allá de la India, comunidades Jainistas están presentes en países como Singapur, Malasia, Tailandia y Japón, a menudo compuestas por inmigrantes indios y sus descendientes. En Oceanía, Australia y Nueva Zelanda también han sido testigos de la formación de comunidades Jainistas, principalmente en las grandes ciudades.

Estas comunidades Jainistas en la diáspora, aunque comparten la misma fe y los mismos valores fundamentales, reflejan una diversidad interna en términos de origen regional, secta Jainista (Digambara o Svetambara), lengua, prácticas culturales y grados de adaptación al contexto local. La diáspora Jainista no es un bloque monolítico, sino un mosaico de comunidades con sus propios matices y dinámicas.

Los desafíos y adaptaciones del Jainismo en la diáspora son complejos y multifacéticos, exigiendo esfuerzos continuos para mantener la identidad cultural y religiosa, transmitir los valores a las nuevas generaciones y adaptar las prácticas Jainistas a los nuevos contextos culturales. Uno de los principales desafíos es el mantenimiento de la identidad cultural y religiosa en un ambiente cultural y religioso diferente al de la India. La diáspora Jainista enfrenta la presión de la asimilación cultural, la dificultad de mantener las tradiciones Jainistas en un contexto secularizado y la necesidad de transmitir la fe y la cultura Jainista a las nuevas generaciones, que a menudo crecen en un ambiente predominantemente no Jainista.

Para enfrentar este desafío, las comunidades Jainistas en la diáspora se han esforzado por crear centros comunitarios, templos y organizaciones religiosas que sirvan como puntos de encuentro, espacios de culto, centros de educación religiosa y lugares de preservación cultural. La transmisión de los valores a las nuevas generaciones es una prioridad, con programas de educación religiosa para niños y jóvenes, clases de Jainología, retiros espirituales y actividades culturales que buscan fortalecer la identidad Jainista y la conexión con la tradición.

La adaptación de las prácticas Jainistas al contexto de la diáspora es otro desafío importante. Algunas prácticas Jainistas, como los rituales en los templos, los ayunos rigurosos y las restricciones alimentarias específicas, pueden ser difíciles de mantener integralmente en un ambiente cultural y social diferente al de la India. Las comunidades Jainistas en la diáspora han buscado adaptar las prácticas Jainistas de forma creativa y flexible, manteniendo la esencia de los principios Jainistas, pero ajustando las formas de práctica para hacerlas más accesibles y relevantes en el contexto de la vida en la diáspora. Por ejemplo, los rituales en los templos pueden ser simplificados, los ayunos pueden ser adaptados a las condiciones de salud y al estilo de vida occidental, y las restricciones alimentarias pueden ser interpretadas de forma más flexible, manteniendo siempre el compromiso con la Ahimsa y el vegetarianismo.

La contribución de la diáspora Jainista a la diseminación global de las enseñanzas Jainistas es notable y creciente. Las comunidades Jainistas en la diáspora actúan como puentes culturales y espirituales entre el Jainismo y el mundo occidental, promoviendo el diálogo interreligioso, la comprensión intercultural y la diseminación de los valores Jainistas de paz, no violencia, tolerancia y respeto por toda la vida. Los centros Jainistas en la diáspora ofrecen conferencias, talleres, cursos y publicaciones sobre el Jainismo, atrayendo a personas de diferentes orígenes culturales y religiosos interesadas en aprender sobre la filosofía y la ética Jainista.

La diáspora Jainista ha utilizado las nuevas tecnologías de comunicación e información, como internet, las redes sociales y las plataformas en línea, para diseminar las enseñanzas Jainistas globalmente, alcanzar a un público más amplio y promover el diálogo interreligioso e intercultural a escala mundial. Organizaciones Jainistas en la diáspora han traducido escrituras Jainistas, producido materiales educativos en diversas lenguas, organizado eventos y conferencias internacionales, y creado redes de comunicación en línea que conectan a Jainistas e interesados en el Jainismo en todo el mundo.

La diáspora Jainista, por lo tanto, no es solo un fenómeno migratorio, sino también un agente de transformación y diseminación del Jainismo, contribuyendo a la expansión de la influencia de la tradición Jainista en el mundo contemporáneo. A través de sus esfuerzos para mantener la identidad cultural y religiosa, adaptar las prácticas Jainistas y diseminar las enseñanzas Jainistas globalmente, la diáspora Jainista desempeña un papel crucial en la vitalidad y la continuidad de la tradición Jainista en el siglo XXI, garantizando que la sabiduría ancestral del Jainismo continúe inspirando y guiando a personas en diferentes partes del mundo en la búsqueda de una vida ética, pacífica y significativa.

En conclusión, el Jainismo en la diáspora representa un capítulo dinámico y multifacético en la historia de la tradición Jainista. La expansión del Jainismo fuera de la India en los siglos XX y XXI resultó en la formación de comunidades Jainistas vibrantes en diversos continentes, enfrentando desafíos de adaptación y mantenimiento de la identidad, pero también aprovechando oportunidades para diseminar las enseñanzas Jainistas globalmente. La diáspora Jainista, con sus centros comunitarios, templos, programas educativos e iniciativas en línea, contribuye significativamente a la vitalidad y la relevancia del Jainismo en el mundo moderno, actuando como puente cultural y espiritual y promoviendo los valores Jainistas de paz, no violencia y armonía universal. En el próximo capítulo, exploraremos los desafíos y cuestiones contemporáneas en el Jainismo, desvelando las adaptaciones modernas y las preocupaciones que la tradición Jainista enfrenta en el siglo XXI.

Capítulo 25
Desafíos Contemporáneos

En el umbral del siglo XXI, el Jainismo, como muchas otras tradiciones religiosas, navega por un mar de desafíos y cuestiones contemporáneas, inherentes a la complejidad y a las rápidas transformaciones del mundo moderno. Enfrentando las olas del secularismo, del materialismo, de la globalización y de la modernidad, el Jainismo busca adaptaciones creativas y relevantes para mantener su vitalidad, preservar sus valores esenciales y responder a las preocupaciones e interrogantes de sus practicantes y de la sociedad en general. Explorar los desafíos y cuestiones contemporáneas en el Jainismo es sumergirse en las complejidades de la tradición Jainista en el mundo moderno, comprendiendo las tensiones entre la tradición y la modernidad, los debates internos y externos, y los esfuerzos para reimaginar y revitalizar el Jainismo para el siglo XXI.

Los desafíos internos y externos enfrentados por el Jainismo en el mundo moderno son diversos e interconectados, reflejando las tendencias culturales, sociales e intelectuales de nuestro tiempo. Entre los desafíos externos, el Jainismo, como otras religiones, confronta el creciente secularismo en muchas partes del mundo, donde la influencia de la religión en la vida pública y privada disminuye, y valores seculares como el racionalismo, el individualismo y el materialismo ganan prominencia. El materialismo, con su énfasis en los bienes materiales, en el consumo y en el éxito mundano, desafía los valores Jainistas de simplicidad, no posesividad (Aparigraha) y búsqueda de valores espirituales. La globalización, aunque ofrece oportunidades para la diseminación del Jainismo en la diáspora, también expone la tradición Jainista a influencias culturales diversas y a veces desafiantes, cuestionando las formas tradicionales de práctica e identidad Jainista.

Entre los desafíos internos, el Jainismo, como tradición viva, enfrenta debates y tensiones internas sobre la interpretación y la aplicación de los principios Jainistas en el mundo moderno. Cuestiones relacionadas con el género, el sistema de castas (aunque el Jainismo rechaza formalmente el sistema de castas, vestigios de jerarquías sociales pueden persistir en algunas comunidades Jainistas), la justicia social y los derechos humanos son objeto de reflexión y debate dentro de la comunidad Jainista, buscando adaptar los valores Jainistas a los desafíos éticos y sociales del siglo XXI.

Las cuestiones contemporáneas en el Jainismo reflejan las preocupaciones y los dilemas éticos y sociales que la tradición Jainista enfrenta en el mundo moderno. La cuestión de género, por ejemplo, es un tema de debate en muchas religiones, incluyendo el Jainismo. Aunque el Jainismo histórico haya concedido un papel significativo a las mujeres en la práctica religiosa y en el monasticismo, algunas tradiciones

Jainistas, especialmente dentro de la secta Digambara, mantienen visiones más restrictivas sobre el papel de las mujeres en la vida monástica y espiritual. Debates contemporáneos dentro del Jainismo cuestionan la necesidad de una mayor igualdad de género en todas las esferas de la vida Jainista, incluyendo el acceso al monasticismo, el liderazgo religioso y la participación en rituales y prácticas.

La cuestión de la justicia social y del compromiso social del Jainismo en el mundo moderno también es un tema relevante. Aunque el Jainismo enfatiza la compasión, la no violencia y la caridad (Dana), algunos críticos argumentan que la tradición Jainista se ha concentrado excesivamente en la liberación individual y en el ascetismo monástico, negligiendo el compromiso activo en la búsqueda de justicia social y en la resolución de problemas sociales como la pobreza, la desigualdad y la opresión. Debates contemporáneos dentro del Jainismo exploran las implicaciones de la Ahimsa para la acción social y política, buscando formas de aplicar los principios Jainistas en la promoción de la justicia social, de la igualdad y de la defensa de los derechos humanos, sin comprometer el principio de la no violencia.

Las adaptaciones modernas e innovaciones en la práctica y en la interpretación del Jainismo demuestran la capacidad de la tradición Jainista de reinventarse y de mantenerse relevante en el mundo moderno. Ante los desafíos del secularismo y del materialismo, las comunidades Jainistas han buscado nuevas formas de presentar y vivenciar el Dharma Jainista, adaptando las prácticas tradicionales e incorporando elementos de la cultura moderna para hacer el Jainismo más accesible y atractivo para las nuevas generaciones.

En el campo de la práctica, se observa una tendencia de simplificación y adaptación de los rituales y prácticas ascéticas, buscando hacerlos más prácticos y relevantes para los laicos y laicas que viven en el mundo secular. La práctica de la meditación (Samayika), el vegetarianismo y la caridad (Dana) continúan siendo enfatizadas como prácticas centrales para los laicos y laicas Jainistas, adaptadas a los estilos de vida modernos e incorporando elementos de la espiritualidad contemporánea, como la atención plena (Mindfulness) y la compasión. La educación Jainista también se ha adaptado, utilizando nuevas tecnologías y plataformas online para diseminar las enseñanzas Jainistas, alcanzar un público más amplio y crear redes de comunicación y aprendizaje online para Jainistas en todo el mundo.

En el campo de la interpretación, se observa una tendencia de reinterpretación de los principios Jainistas a la luz de los desafíos y valores del mundo moderno. El principio de la Ahimsa, por ejemplo, ha sido reinterpretado y expandido para abarcar cuestiones contemporáneas como la ética ambiental, los derechos animales, la justicia social y la construcción de la paz. El principio del Anekantavada es utilizado para promover el diálogo interreligioso e intercultural, la tolerancia y la comprensión de la diversidad en el mundo plural y globalizado. La filosofía Jainista es explorada en diálogo con el pensamiento científico moderno, buscando identificar puntos de convergencia e insights mutuos, y demostrando la relevancia de la sabiduría Jainista para los desafíos del siglo XXI.

El debate sobre la relevancia y la aplicabilidad de los principios Jainistas en el siglo XXI es un reflejo de la vitalidad y de la capacidad de autorreflexión de la tradición Jainista. Algunos críticos cuestionan si los principios Jainistas, con su énfasis en el ascetismo, en la renuncia y en la no violencia radical, son realmente relevantes y aplicables al mundo moderno, marcado por el consumismo, por la competición y por la violencia. Otros argumentan que los principios Jainistas, precisamente por su énfasis en la no violencia, en la compasión, en la simplicidad y en la búsqueda de valores espirituales, son más relevantes que nunca en el mundo contemporáneo, ofreciendo un camino alternativo e inspirador para la transformación personal y social, y para la construcción de un futuro más pacífico, justo y sostenible.

La respuesta a este debate reside en la capacidad de la comunidad Jainista de continuar adaptando, reinterpretando y vivenciando los principios Jainistas de forma creativa y relevante en el mundo moderno. El Jainismo, como tradición viva, tiene la capacidad de evolucionar y transformarse, manteniendo sus valores esenciales, pero también respondiendo a los desafíos y a las necesidades de cada época. La vitalidad del Jainismo en el siglo XXI dependerá de su capacidad de dialogar con el mundo moderno, de responder a las cuestiones contemporáneas y de continuar inspirando a personas en la búsqueda de una vida ética, significativa y en armonía con todos los seres.

En conclusión, los desafíos y cuestiones contemporáneas en el Jainismo reflejan la tensión creativa entre la tradición y la modernidad, y la búsqueda continua de la comunidad Jainista por relevancia y vitalidad en el siglo XXI. Cuestiones de género, justicia social y adaptación de las prácticas son objeto de debate y reflexión interna. Adaptaciones modernas e innovaciones en la práctica y en la interpretación del Jainismo demuestran la capacidad de la tradición de reinventarse. El debate sobre la relevancia y la aplicabilidad de los principios Jainistas en el mundo moderno estimula la autorreflexión y la búsqueda de un Jainismo vivo y dinámico para el futuro. En el próximo y último capítulo, exploraremos el futuro del Jainismo, analizando las perspectivas y la relevancia de la tradición Jainista en el siglo XXI y su potencial para contribuir a un mundo más ético, pacífico y sostenible.

Capítulo 26
El Futuro del Jainismo

Al contemplar el futuro del Jainismo en el siglo XXI, somos invitados a reflexionar sobre la relevancia duradera de una tradición milenaria en un mundo en constante transformación. El Jainismo, con sus principios éticos profundos, su filosofía inclusiva y su énfasis en la búsqueda de la paz interior y la armonía universal, posee un potencial innegable para contribuir significativamente a un futuro más ético, pacífico y sostenible para la humanidad y para el planeta. Explorar el futuro del Jainismo es contemplar las perspectivas promisorias de una tradición viva y dinámica, que, incluso enfrentando desafíos contemporáneos, continúa inspirando y guiando a personas en la búsqueda de una vida más significativa, compasiva y en armonía con todos los seres.

El potencial del Jainismo para contribuir a un mundo más ético, pacífico y sostenible reside en la esencia de sus principios y valores centrales. En un mundo marcado por la creciente complejidad ética, por la persistencia de conflictos y violencia, y por la urgencia de la crisis ambiental, el Jainismo ofrece una guía moral y espiritual de notable relevancia para la construcción de un futuro mejor.

La ética Jainista de la Ahimsa (No Violencia), con su alcance universal y su abrangencia a todas las formas de vida, ofrece un fundamento sólido para una ética global que trasciende fronteras culturales, religiosas y nacionales. La Ahimsa, como principio fundamental de la acción y de la conducta, puede inspirar una transformación ética profunda en diversas áreas de la vida humana, desde las relaciones interpersonales y la vida familiar hasta la política, la economía y la ciencia. En un mundo que clama por paz, justicia y compasión, la ética Jainista de la Ahimsa ofrece un camino concreto para la construcción de una sociedad más humana y armoniosa.

La filosofía Jainista del Anekantavada (Relativismo), con su énfasis en la multiplicidad de perspectivas y en la relatividad de la verdad, ofrece un antídoto poderoso contra el dogmatismo, el fanatismo y la intolerancia, promoviendo el diálogo interreligioso e intercultural, la comprensión mutua y la resolución pacífica de conflictos. En un mundo marcado por divisiones ideológicas, religiosas y culturales, el Anekantavada Jainista ofrece una perspectiva inclusiva y tolerante, que reconoce la validez de diferentes puntos de vista e incentiva la búsqueda de un terreno común y la colaboración para el bien común.

El estilo de vida Jainista, centrado en la simplicidad, en la no posesividad (Aparigraha), en el consumo consciente, en el vegetarianismo y en la autodisciplina, ofrece un modelo sostenible y compasivo para el siglo XXI. En un mundo confrontado con la crisis ambiental, el esgotamiento de los recursos naturales y el consumismo desenfrenado, el estilo de vida Jainista propone una alternativa ética y ecológica, que prioriza el bienestar espiritual por encima de la acumulación material, la armonía con la naturaleza por encima de la explotación predatoria, y la moderación por encima del exceso. El estilo de vida Jainista, por lo tanto, puede inspirar una transformación cultural en dirección a una sociedad más sostenible, equitativa y enfocada en valores más profundos que el mero consumo material.

La relevancia de los principios Jainistas para la resolución de los desafíos globales contemporáneos se torna cada vez más evidente en un mundo complejo e interconectado. Los cambios climáticos, la pérdida de biodiversidad, la polución, la desigualdad social, la violencia, los conflictos interreligiosos e interculturales son algunos de los desafíos globales urgentes que exigen soluciones innovadoras y transformadoras. Los principios Jainistas ofrecen una perspectiva ética y filosófica valiosa para abordar estos desafíos de forma holística e integrada.

La Ahimsa ambiental Jainista ofrece una guía para la acción en el contexto de la crisis climática y de la pérdida de biodiversidad, incentivando la adopción de prácticas sostenibles, la protección de los ecosistemas y la búsqueda de una relación armoniosa con la naturaleza. El principio de la no violencia puede ser aplicado en la resolución de conflictos y en la construcción de la paz, promoviendo el diálogo, la mediación, la tolerancia y la búsqueda de soluciones pacíficas para las disputas, tanto a nivel interpersonal como internacional. La ética de la justicia social Jainista, basada en la compasión, en la equidad y en el respeto por todos los seres, puede inspirar la lucha contra la pobreza, la desigualdad y la opresión, y la construcción de sociedades más justas e inclusivas.

La importancia de preservar y promover las enseñanzas Jainistas para las futuras generaciones reside en la convicción de que la sabiduría ancestral del Jainismo posee un valor perenne y una relevancia continua para la humanidad. En un mundo en rápido cambio, donde los valores tradicionales son frecuentemente cuestionados y la búsqueda de significado y propósito se intensifica, el Jainismo ofrece un camino espiritual sólido y coherente, basado en principios éticos universales y en una filosofía profunda y abrangente.

La preservación y promoción de las enseñanzas Jainistas para las futuras generaciones exige esfuerzos continuos y creativos por parte de la comunidad Jainista y de todos aquellos que reconocen el valor de la tradición Jainista. La educación Jainista, desde la infancia hasta la edad adulta, es fundamental para transmitir los valores Jainistas, las escrituras sagradas, las prácticas espirituales y la cultura Jainista a las nuevas generaciones. El uso de las nuevas tecnologías de comunicación e información puede ser aprovechado para diseminar las enseñanzas Jainistas globalmente, alcanzar un público más amplio y crear redes de aprendizaje y práctica online. El diálogo interreligioso e intercultural es esencial para presentar el Jainismo a diferentes culturas y para construir puentes de entendimiento y cooperación con otras tradiciones religiosas y seculares.

El futuro del Jainismo como una tradición espiritual viva y dinámica depende de la capacidad de la comunidad Jainista de adaptarse, de reinventarse y de responder a los desafíos y oportunidades del siglo XXI, manteniendo la esencia de sus principios y valores, pero también incorporando nuevas formas de expresión y práctica que tornen el Jainismo relevante y atractivo para las nuevas generaciones. El Jainismo, con su larga historia de resiliencia, adaptación y renovación, posee el potencial de continuar floreciendo y de contribuir a la transformación positiva del mundo, ofreciendo un camino de paz interior, armonía universal y búsqueda por la liberación espiritual para todos aquellos que se inspiran en sus enseñanzas.

En conclusión, el futuro del Jainismo es promisorio y relevante en el siglo XXI. Su potencial para contribuir a un mundo más ético, pacífico y sostenible es innegable, especialmente en el contexto de los desafíos globales contemporáneos. La relevancia de los principios Jainistas para la resolución de estos desafíos es cada vez más reconocida. La importancia de preservar y promover las enseñanzas Jainistas para las futuras generaciones es crucial para garantizar la continuidad de la tradición y su contribución a un mundo mejor. El Jainismo, como tradición espiritual viva y dinámica, tiene un futuro brillante por delante, invitándonos a reflexionar sobre sus valores, a practicar sus principios y a construir juntos un futuro de paz, compasión y armonía para toda la humanidad y para el planeta.

En el próximo y último capítulo, haremos un análisis comparativo entre el Jainismo y el Budismo, explorando las semejanzas y diferencias entre estas dos tradiciones espirituales originarias de la India Antigua.

Capítulo 27
Similitudes con el Budismo

En el rico panorama de las tradiciones espirituales de la India Antigua, el Jainismo y el Budismo emergen como dos corrientes de pensamiento distintas, pero también interconectadas, compartiendo raíces históricas, valores éticos y objetivos espirituales comunes, al mismo tiempo que divergen en doctrinas filosóficas, prácticas ascéticas y enfoques para la liberación. Un análisis comparativo del Jainismo y el Budismo revela un fascinante panorama de similitudes y diferencias, enriqueciendo nuestra comprensión de ambas tradiciones e iluminando los matices de la búsqueda espiritual humana. Explorar las similitudes y diferencias entre Jainismo y Budismo es adentrarse en un diálogo milenario entre dos de las más importantes tradiciones espirituales de la India, desvelando sus convergencias y divergencias, y apreciando la riqueza y la complejidad de sus legados.

Un análisis comparativo de los orígenes, doctrinas y prácticas del Jainismo y el Budismo revela un panorama de convergencias y divergencias que reflejan sus trayectorias históricas y sus distintos enfoques para la búsqueda espiritual. Ambas tradiciones surgieron en la India Antigua en el siglo VI a.C., durante un período de intensa efervescencia religiosa y filosófica, conocido como el período Shramana, que cuestionaba las tradiciones religiosas védicas y buscaba caminos alternativos para la liberación del sufrimiento. Tanto Mahavira, el último Tirthankara del Jainismo, como Siddhartha Gautama, el Buda, fueron figuras históricas que renunciaron a la vida mundana, practicaron el ascetismo y alcanzaron la iluminación, convirtiéndose en los fundadores de sus respectivas tradiciones.

Entre los puntos de convergencia entre Jainismo y Budismo, destacan:

Énfasis en la No Violencia (Ahimsa): Tanto el Jainismo como el Budismo colocan la no violencia (Ahimsa) en el centro de su ética y práctica espiritual. Ambas tradiciones condenan la violencia en todas sus formas y defienden la compasión, la benevolencia y el respeto por todos los seres vivos como caminos para la paz interior y la armonía universal.

Ascetismo: Tanto el Jainismo como el Budismo valoran el ascetismo como un medio de purificación kármica, autodisciplina y búsqueda de la liberación. Ambas tradiciones alientan la renuncia a los placeres sensoriales, el desapego de los bienes materiales y la práctica de austeridades como ayuno, meditación y silencio, como formas de fortalecer la mente y el espíritu.

Rechazo del Sistema de Castas: Tanto el Jainismo como el Budismo, en sus orígenes, rechazaron el sistema de castas jerárquico de la sociedad védica, defendiendo la igualdad espiritual de todos los seres humanos, independientemente de su origen social o casta. Ambas tradiciones abrieron sus puertas a personas de todas las castas, incluyendo a los considerados "intocables" en la sociedad védica, promoviendo una visión más igualitaria e inclusiva de la comunidad religiosa.

Búsqueda de la Liberación (Moksha/Nirvana): Tanto el Jainismo como el Budismo comparten el objetivo final de la liberación del ciclo de nacimiento y muerte (Samsara) y del sufrimiento (Dukha). Aunque las nomenclaturas y las descripciones del estado de liberación (Moksha en el Jainismo y Nirvana en el Budismo) puedan variar, ambas tradiciones buscan un estado de paz infinita, bienaventuranza y libertad de las limitaciones de la existencia condicionada.

A pesar de las similitudes significativas, el Jainismo y el Budismo también presentan divergencias significativas en sus doctrinas filosóficas, prácticas ascéticas y enfoques para la liberación, reflejando sus distintas trayectorias históricas y sus énfasis particulares.

Entre las divergencias significativas, destacan:

Concepto de Alma (Jiva/Anatta): Una de las diferencias doctrinales más fundamentales entre el Jainismo y el Budismo reside en el concepto de alma. El Jainismo postula la existencia del Jiva, un alma individual, consciente, eterna e inherentemente pura, presente en todos los seres vivos. El Budismo, por su parte, adopta la doctrina del Anatta (no-alma), negando la existencia de un alma permanente, inmutable y sustancial, defendiendo que la personalidad humana es un flujo dinámico de procesos físicos y mentales, sin un núcleo permanente o sustancial. Esta diferencia en el concepto de alma tiene implicaciones significativas para la cosmología, la ética y la soteriología de ambas tradiciones.

Ascetismo Radical (Jainismo) vs. Camino del Medio (Budismo): Mientras que ambas tradiciones valoran el ascetismo, el Jainismo adopta un ascetismo radical, buscando la purificación kármica y la liberación a través de prácticas extremadamente austeras, como el ayuno prolongado, la restricción alimentaria rigurosa, la desnudez monástica (en la tradición Digambara) y la práctica de la Ahimsa en su forma más extrema, evitando herir cualquier forma de vida, incluso microorganismos. El Budismo, por su parte, adopta el Camino del Medio, buscando el equilibrio entre el ascetismo extremo y la indulgencia sensual, defendiendo un camino moderado de práctica espiritual que evite los extremos y promueva el desarrollo armonioso del cuerpo, de la mente y del espíritu.

Anekantavada (Jainismo) vs. Énfasis en la Vacuidad (Budismo): En el campo epistemológico y filosófico, el Jainismo desarrolló la doctrina del Anekantavada (relativismo), que enfatiza la multiplicidad de perspectivas y la relatividad de la verdad, defendiendo que la realidad es compleja y multifacética, y que ninguna perspectiva única puede capturarla completamente. El Budismo, por su parte, enfatiza la vacuidad (Sunyata) de todos los fenómenos, defendiendo que todos los fenómenos son vacíos de existencia inherente, sustancial y permanente, y que la comprensión de la vacuidad es esencial para la liberación del sufrimiento. Aunque ambas doctrinas reconocen la complejidad y la naturaleza ilusoria de la realidad condicionada, difieren en sus énfasis y en sus implicaciones para la práctica espiritual y la comprensión de la verdad última.

La influencia mutua y la coexistencia histórica del Jainismo y el Budismo en la India testimonian la proximidad y la interacción entre estas dos tradiciones a lo largo de los siglos. Aunque se hayan desarrollado como tradiciones distintas con sus propias doctrinas y prácticas, el Jainismo y el Budismo coexistieron pacíficamente en la India por muchos siglos, influenciándose mutuamente en diversos aspectos. Existen evidencias de diálogo filosófico e intercambio de ideas entre pensadores Jainistas y Budistas, así como de influencia mutua en prácticas ascéticas, rituales y formas de expresión artística. A pesar de sus divergencias doctrinales, el Jainismo y el Budismo comparten un terreno ético y espiritual común, promoviendo la no violencia, la compasión, la autodisciplina y la búsqueda de la liberación del sufrimiento, y contribuyendo de forma significativa a la rica tapeçaria espiritual de la India.

En conclusión, el Jainismo y el Budismo, aunque distintos en sus doctrinas y prácticas, comparten similitudes importantes en sus orígenes, valores éticos y objetivos espirituales. Ambas tradiciones enfatizan la no violencia, el ascetismo, el rechazo del sistema de castas y la búsqueda de la liberación. Sin embargo, divergen significativamente en sus conceptos de alma, enfoques ascéticos y énfasis filosóficos, con el Jainismo adoptando un ascetismo más radical y una epistemología relativista (Anekantavada), mientras que el Budismo enfatiza el Camino del Medio y la doctrina de la vacuidad (Anatta y Sunyata). A pesar de sus divergencias, el Jainismo y el Budismo coexistieron pacíficamente en la India por siglos, influenciándose mutuamente y contribuyendo de forma valiosa a la herencia espiritual de la humanidad. En el próximo y penúltimo capítulo, exploraremos el legado duradero del Jainismo y su impacto en el pensamiento indiano y global.

Capítulo 28
El Legado Duradero del Jainismo

El Jainismo, aunque a veces menos visible en el panorama religioso mundial que otras tradiciones indias como el Hinduismo y el Budismo, ha legado un impacto duradero y profundo en el pensamiento indio y global, reverberando a través de los siglos e influyendo en diversos aspectos de la cultura, la ética, la filosofía y las prácticas espirituales. Este legado, multifacético y sutil, se manifiesta no solo en las comunidades jainistas alrededor del mundo, sino también en valores, movimientos e ideas que moldearon y continúan moldeando el paisaje intelectual y moral de la humanidad. Explorar el legado duradero del Jainismo es desvelar la persistencia y la relevancia de una sabiduría ancestral, comprendiendo cómo sus principios y valores continúan inspirando y guiando a individuos y sociedades en la búsqueda de un mundo más ético, pacífico y armonioso.

La influencia del Jainismo en la ética y la filosofía india es innegable y seminal, permeando el pensamiento ético y filosófico de la India a lo largo de milenios. El principio fundamental de la Ahimsa (No Violencia), piedra angular de la ética jainista, se ha convertido en un valor central en la cultura india, influenciando no solo a otras tradiciones religiosas, como el Hinduismo y el Budismo, sino también a movimientos sociales, políticos y filosóficos a lo largo de la historia de la India. La Ahimsa jainista, en su amplitud y profundidad, va más allá de la mera abstención de la violencia física, incorporando la no violencia verbal, mental y emocional, y extendiéndose a todas las formas de vida, influenciando profundamente el ideal indio de respeto por todos los seres vivos.

La doctrina del Anekantavada (Relativismo), la filosofía jainista de la multiplicidad de perspectivas y de la relatividad de la verdad, también dejó una marca indeleble en el pensamiento filosófico indio, promoviendo la tolerancia, el diálogo y la comprensión de la diversidad de puntos de vista. El Anekantavada, al reconocer la complejidad de la realidad y la limitación de la perspectiva individual, incentivó el desarrollo de enfoques filosóficos más inclusivos y dialógicos, influenciando el debate intelectual y la búsqueda de la verdad en la India a lo largo de los siglos. La ética jainista, centrada en la Ahimsa, y la epistemología jainista, basada en el Anekantavada, constituyen contribuciones filosóficas únicas y duraderas al patrimonio intelectual de la India y del mundo.

La contribución del Jainismo al desarrollo del vegetarianismo y del movimiento de derechos animales es notable y pionera, haciendo del Jainismo una de las tradiciones religiosas más antiguas y consistentes defensoras del vegetarianismo y de la ética animal. El principio de la Ahimsa, con su extensión a todas las formas de vida, llevó al Jainismo a adoptar un vegetarianismo riguroso como práctica esencial, evitando el consumo de carne, pescado, huevos e, idealmente, lácteos, para minimizar la violencia contra los animales y reducir el sufrimiento en el mundo. El Jainismo no solo defiende el vegetarianismo como una práctica personal, sino que también lo promueve como un ideal ético y social, influenciando el desarrollo del vegetarianismo en la India y, más recientemente, contribuyendo al crecimiento del movimiento vegetariano y vegano a escala global.

El Jainismo, con su énfasis en la compasión por todos los seres vivos y en la repulsa de la violencia en todas sus formas, desempeñó un papel crucial en la formación del movimiento de derechos animales, anticipando conceptos y argumentos que se volverían centrales en el debate contemporáneo sobre los derechos de los animales. La visión jainista de que los animales poseen alma, capacidad de sentir dolor y sufrimiento, y el derecho a la vida y al bienestar, resuena con las preocupaciones éticas del movimiento de derechos animales, y continúa inspirando a activistas y pensadores en la lucha por la protección y la liberación de los animales.

El impacto del Jainismo en el arte, la arquitectura y la literatura india es evidente en templos majestuosos, esculturas serenas, pinturas intrincadas y escrituras ricas y diversas. La arquitectura de los templos jainistas, como los Derasar de Ranakpur, Monte Abu y Khajuraho, representa un legado artístico notable, caracterizado por la belleza, la complejidad y la armonía, reflejando los valores jainistas de paz, serenidad y búsqueda de la trascendencia. Las esculturas de los Tirthankaras, con sus expresiones serenas y contemplativas, se han convertido en iconos del arte jainista, transmitiendo un mensaje de paz interior y perfección espiritual. Las pinturas jainistas, especialmente las miniaturas de los manuscritos ilustrados, destacan por la precisión, los detalles y la riqueza simbólica, narrando historias religiosas, representando diagramas cosmológicos y transmitiendo las enseñanzas del Dharma jainista.

La literatura jainista, que abarca los Agamas, los Purana, los Charita y diversas otras obras, constituye un vasto y rico corpus de textos filosóficos, éticos, narrativos, poéticos y gramaticales, preservados en lenguas antiguas como Ardhamagadhi, Sánscrito y Apabhramsa. Esta literatura ofrece un tesoro de sabiduría espiritual, insights filosóficos, narrativas inspiradoras y ejemplos de vida ética, contribuyendo significativamente al patrimonio literario de la India y a la comprensión de la tradición jainista.

El legado del Jainismo como una tradición de paz, no violencia y búsqueda espiritual trasciende las contribuciones específicas en ética, filosofía, vegetarianismo y arte, abarcando la esencia de la propia tradición jainista y su mensaje fundamental para la humanidad. El Jainismo, a lo largo de su historia, se ha mantenido como un faro de paz y no violencia, defendiendo la resolución pacífica de conflictos, la tolerancia religiosa y la búsqueda de un mundo más armonioso y compasivo. El énfasis jainista en la búsqueda espiritual individual, en la autodisciplina, en la meditación y en la purificación kármica, ofrece un camino para la transformación interior y para la realización del potencial humano para la perfección espiritual y la liberación del sufrimiento.

El Jainismo, en su esencia, invita a la reflexión sobre la naturaleza de la existencia, el propósito de la vida y el camino hacia la felicidad y la liberación. Su legado duradero reside en la transmisión de valores eternos, como la no violencia, la compasión, la honestidad, la no posesividad y la búsqueda de la verdad, que continúan inspirando y guiando a personas en diferentes partes del mundo en la búsqueda de una vida más ética, significativa y en armonía con todos los seres.

La relevancia del Jainismo para el pensamiento ético y espiritual contemporáneo es notable y creciente en un mundo confrontado con desafíos complejos y urgentes. En un tiempo de violencia, conflicto, desigualdad, injusticia social y crisis ambiental, la sabiduría jainista ofrece un contrapunto ético y espiritual valioso, proponiendo un camino alternativo basado en la no violencia, la compasión, la sostenibilidad y la búsqueda de la paz interior. El Jainismo, con su mensaje de respeto por todas las formas de vida, su ética de la responsabilidad individual y su visión de un mundo interconectado, resuena con las preocupaciones y aspiraciones del siglo XXI.

El legado duradero del Jainismo, por lo tanto, no es solo una herencia histórica, sino también una fuente de inspiración y orientación para el futuro. Sus principios y valores continúan desafiando y enriqueciendo el pensamiento ético y espiritual contemporáneo, ofreciendo un camino para la transformación personal y social, y para la construcción de un mundo más pacífico, justo y armonioso para todos los seres vivos.

En conclusión, el legado duradero del Jainismo es multifacético y profundo, irradiando su impacto en el pensamiento indio y global a través de la ética, la filosofía, el vegetarianismo, el movimiento de derechos animales, el arte, la arquitectura, la literatura y su mensaje central de paz, no violencia y búsqueda espiritual. El Jainismo, como una tradición de sabiduría ancestral, continúa ofreciendo una contribución valiosa al pensamiento ético y espiritual contemporáneo, permaneciendo relevante e inspirador para el siglo XXI y para las futuras generaciones. En el próximo y último capítulo, sintetizaremos las principales enseñanzas y valores del Jainismo, reflexionando sobre su potencial como un camino para la paz interior y la armonía universal.

Capítulo 29
Un Camino hacia la Paz Interior

Al llegar al término de esta exploración de la rica y multifacética tradición jainista, es oportuno recapitular las enseñanzas y valores centrales que impregnan cada capítulo de este libro, sintetizando la esencia del jainismo y reflexionando sobre su profundo potencial como un camino hacia la paz interior y la armonía universal. El jainismo, más que una religión en el sentido convencional, se revela como una filosofía de vida integral y transformadora, una guía práctica y ética para el viaje humano hacia la liberación del sufrimiento y la realización del pleno potencial espiritual. En este capítulo final, revisaremos los pilares fundamentales del jainismo, reiterando su relevancia perenne y su atractivo universal en un mundo que anhela paz, compasión y sabiduría.

Al revisitar las principales enseñanzas y valores del jainismo, podemos identificar un conjunto de principios interconectados que forman el núcleo de la tradición jainista. En el centro de todo reside la Ahimsa (No Violencia), el principio supremo y abarcador que impregna todos los aspectos de la vida jainista, desde la conducta personal y las elecciones alimentarias hasta el compromiso social y la búsqueda de la paz mundial. La

Ahimsa jainista no se limita a la ausencia de violencia física, sino que se extiende a la no violencia en pensamiento, palabra y acción, y a todas las formas de vida, reconociendo la interconexión y la sacralidad de todos los seres vivos.

Interconectado con la Ahimsa está el principio de Anekantavada (Relativismo), la filosofía jainista de la multiplicidad de perspectivas y la relatividad de la verdad. El Anekantavada promueve la tolerancia, la humildad intelectual y el diálogo, reconociendo que ninguna perspectiva única puede capturar la complejidad de la realidad, y que la verdad puede ser abordada desde diferentes ángulos y bajo diferentes puntos de vista. Esta visión inclusiva y pluralista es fundamental para el diálogo interreligioso, la comprensión intercultural y la resolución pacífica de conflictos.

La Tri-Ratna (Tres Joyas) del jainismo – Samyak Darshan (Visión Correcta), Samyak Jnana (Conocimiento Correcto) y Samyak Charitra (Conducta Correcta) – representan el camino jainista hacia la liberación (Moksha). La Visión Correcta implica tener fe en las enseñanzas de los Tirthankaras y en la posibilidad de la liberación. El Conocimiento Correcto involucra la comprensión de las doctrinas jainistas, de la cosmología, de la ética y de las prácticas espirituales. La Conducta Correcta se refiere a la práctica de los Cinco Votos Mayores (Mahavratas) para los monjes y monjas, y de los Cinco Votos Menores (Anuvratas) para los laicos y laicas, guiando la conducta ética y moral en la vida cotidiana.

Los Cinco Votos Mayores (Mahavratas) – Ahimsa (No Violencia), Satya (Verdad), Asteya (No Robar), Brahmacharya (Celibato/Castidad) y Aparigraha (No Posesividad) – representan los principios éticos fundamentales de la vida monástica jainista, guiando a los ascetas en la búsqueda de la purificación kármica y la liberación. Los Cinco Votos Menores (Anuvratas), adaptados para los laicos y laicas, ofrecen una guía ética para la vida cotidiana, incentivando la práctica de la no violencia, de la verdad, de la honestidad, de la fidelidad y de la moderación en el consumo.

La práctica ascética y la disciplina espiritual son centrales en el jainismo, buscando la purificación del Karma, el control de los sentidos y la búsqueda de la liberación. El ayuno, la meditación, la oración, el estudio de las escrituras y la práctica de la virtud son algunas de las prácticas espirituales jainistas que ayudan en el viaje hacia el Moksha. La compasión (Karuna) y la amistad universal (Maitri) son valores esenciales en el jainismo, inspirando la acción altruista, la caridad (Dana) y la búsqueda del bienestar de todos los seres vivos.

El potencial del jainismo como camino hacia la paz interior reside en su énfasis en la autodisciplina, la meditación y la purificación mental y emocional. La práctica jainista invita a la introspección, a la observación de la mente y a la transformación interior, buscando la erradicación de las pasiones, los apegos y la ignorancia, que son las raíces del sufrimiento. La meditación jainista (Samayika) busca calmar la mente, cultivar la atención plena y desarrollar la concentración, conduciendo a un estado de paz interior, claridad mental y equilibrio emocional.

El jainismo como un camino hacia la armonía universal se manifiesta en su ética de la no violencia extendida a todos los seres, en su filosofía inclusiva y tolerante, y en su llamado a la compasión y a la interconexión. La visión jainista de un mundo armonioso se basa en el reconocimiento de la unidad de la vida, en la importancia del respeto mutuo y en la necesidad de construir una sociedad justa, pacífica y sostenible para todos los seres vivos. La práctica de la Ahimsa, del Anekantavada y de los valores jainistas en la vida cotidiana puede contribuir a la creación de un mundo más compasivo, tolerante y en armonía con la naturaleza.

En conclusión, el jainismo ofrece un camino profundo e integral hacia la paz interior y la armonía universal, basado en principios éticos universales, en una filosofía inclusiva y tolerante, y en prácticas espirituales transformadoras. El mensaje del jainismo, con su énfasis en la no violencia, la compasión, la autodisciplina y la búsqueda de la liberación, resuena con urgencia y relevancia en el mundo contemporáneo, ofreciendo una guía valiosa para el viaje humano hacia un futuro más pacífico, justo y armonioso para todos los seres vivos. Que la sabiduría del jainismo continúe inspirando y guiando a individuos y sociedades en la búsqueda de un mundo mejor, guiado por la luz de la Ahimsa y la compasión universal.

Epílogo

Al llegar al final de esta lectura, algo dentro de ti, aunque sutilmente, ya no es lo mismo. Las palabras recorridas a lo largo de estas páginas no son meras ideas abstractas; llevan la esencia de una tradición que desafía nuestra visión del mundo, nuestras elecciones diarias y, sobre todo, nuestra relación con la existencia. El jainismo, con su devoción absoluta a la no violencia, su reverencia por la verdad y su búsqueda incansable de la liberación, no es solo una filosofía distante, practicada por monjes en silencio contemplativo. Es, y siempre ha sido, una invitación a la transformación interior, un llamado a vivir con más conciencia, más responsabilidad y más compasión.

El viaje que recorrimos juntos reveló un universo de ideas profundas y, a menudo, contraintuitivas para la mentalidad moderna. Fuimos presentados a la Ahimsa, no solo como un principio ético, sino como un compromiso innegociable con la vida. Comprendimos que cada pensamiento, cada palabra, cada acción moldea la calidad de nuestra alma y determina el curso de nuestro viaje kármico. Aprendimos que la verdad nunca es unidimensional, sino multifacética, exigiendo de nosotros humildad y discernimiento. Descubrimos que la liberación no es un regalo concedido por una divinidad externa, sino un estado conquistado a través de la autodisciplina, la renuncia y el conocimiento.

¿Y ahora qué? ¿Qué le queda al lector que recorrió este camino de descubrimiento y contemplación?

Queda la elección.

El conocimiento, por sí solo, no basta. Necesita ser vivido, experimentado, absorbido como parte de nuestra esencia. Cada uno de nosotros carga consigo un fardo invisible, un equipaje de pensamientos y hábitos acumulados a lo largo de incontables ciclos de existencia. El jainismo nos enseña que ese peso puede ser disuelto, pero no por fuerzas externas, solo por la decisión consciente de recorrer un camino diferente.

La liberación no es un concepto distante. Está presente en cada momento en que elegimos la compasión en lugar de la crueldad, el silencio en lugar de la palabra irreflexiva, el desapego en lugar de la codicia. Se manifiesta en las pequeñas elecciones, en la manera en que nos relacionamos con los otros, en lo que consumimos, en lo que cultivamos dentro de nosotros.

Si hay algo que el jainismo nos enseña de forma incontestable es que somos los únicos responsables de nuestro propio viaje. No hay excusas, no hay atajos. El mundo a nuestro alrededor puede ser caótico, violento, indiferente, pero nuestra respuesta a él es una elección. El destino no nos es impuesto; es tejido por nuestras propias manos, cosido a cada pensamiento, a cada acción, a cada intención.

Entonces, ¿qué harás ahora?

Tal vez este libro haya sido solo una lectura enriquecedora, un vistazo a una tradición fascinante. Tal vez haya plantado una semilla que, en el momento adecuado, germinará y crecerá en nuevas comprensiones. O tal vez, solo tal vez, haya sido el inicio de algo mayor, un despertar, un llamado silencioso que resonará en tus pensamientos mucho más allá de la última página.

El jainismo no exige conversiones, no impone verdades absolutas, no busca seguidores ciegos. Solo ofrece un camino. A cada uno le corresponde decidir si quiere seguirlo, y hasta qué punto está dispuesto a comprometerse con su propia evolución.

Si este libro logró provocar cuestionamientos, si despertó en ti una nueva mirada hacia la vida y hacia tu propio papel en el universo, entonces su misión fue cumplida.

Y ahora, el próximo paso es tuyo.

www.ingramcontent.com/pod-product-compliance
Lightning Source LLC
LaVergne TN
LVHW040054080526
838202LV00045B/3637